Matrimonio

DE SOBREVIVIR

A PROSPERAR

Bernarda Lopez b

Matrimonio

DE SOBREVIVIR
A PROSPERAR

CHARLES R.
SWINDOLL

GRUPO NELSON
Una división de Thomas Nelson Publishers
Desde 1798

NASHVILLE   DALLAS   MÉXICO DF.   RÍO DE JANEIRO   BEIJING

Título en inglés: *Marriage: From Surviving to Thriving*
© 2006 por Charles R. Swindoll
Publicado por Thomas Nelson, Inc.

Traducción: *Miguel Mesías*
Tipografía: *MarysolRodriguez.org*

ISBN-10: 0-89922-538-1
ISBN-13: 978-0-89922-538-8

Esto es para ti, Cynthia.

Después de más de cincuenta años de estar juntos
en esta jornada, compartiendo por igual las tristezas
y luchas, así como también los logros y placeres, mi
compromiso contigo es más fuerte que nunca, mi
respeto a ti es más grande que nunca, y mi amor por
ti es más hondo que nunca.

Contenido

---------- ♂ ----------

Contenido

Reconocimientos

❧

Cualquier matrimonio que ha durado tanto como el nuestro incluye a otros—muchos otros—que han desempeñado papeles significativos en nuestras vidas. Primero, Cynthia y yo tenemos que agradecer a nuestros padres, Leslie y Laverne Parker y Earl y Lovell Swindoll, por sus matrimonios duraderos. Al criarnos en nuestros respectivos hogares paternos observamos lo que ellos modelaron y que los mantuvo unidos. Hasta hoy mi esposa y yo a menudo recordamos muchas de esas cualidades y reconocemos la influencia poderosa que ejercieron en nosotros. Cuán agradecidos estamos por nuestros padres fieles. Todos cuatro ya están con el Señor.

Además, ha habido la influencia de nuestros cuatro hijos, ya adultos, y sus respectivos matrimonios. Hemos aprendido numerosas lecciones y recibido muchas nociones muy útiles de todos ellos, y de sus relaciones con sus respectivos cónyuges. Nuestro amor por cada uno de ellos no tiene límites.

También han habido maestros, mentores, colegas y todos nuestros maravillosos amigos que han contribuido tanto con el

correr de los años ... demasiados para mencionarlos uno por uno.
Su estímulo y creencia en nosotros nos han ayudado, de muchas
maneras, a perseverar, a soportar los días que bordeaban en lo
insoportable, y a disfrutar y celebrar lo mucho más que fue una
delicia y diversión.

En cuanto a la decisión en particular de escribir este libro
tengo que agradecer al editor, David Moberg de W Publishing
Group, por su fuerte estímulo, así como también a Mark Gaither,
mi yerno, por sus excelentes habilidades editoriales y ayuda.
Debo reconocer a Mary Hollingsworth y su excelente personal
de Shady Oaks Studio de Fort Worth, por darle los toques finales
a este volumen en inglés, haciéndolo a la vez atractivo y presen-
table.

Finalmente, a mi novia ya por cincuenta y un años, madre de
nuestros cuatro hijos, mi fiel y dedicada compañera en el ministerio, y la que me conoce y me entiende, y con todo me ama más
que cualquier otra persona en el planeta; ¿qué más podría decir?

¡Mi agradecimiento de corazón para todos ustedes!

Introducción

❧

El 18 de junio de 1955 se casaron dos personas muy jóvenes. Él acababa de cumplir los veinte; ella tenía sólo dieciocho años.

Apenas siete días después de haber salido juntos por primera vez, él estaba convencido de que ella era "la mujer de sus sueños," así que le pidió que se case con él. Aunque ella tenía sólo dieciséis años para entonces, y todavía en el penúltimo año de secundaria, la jovencita dijo que sí. Un poco más de dieciocho meses después, se casaron y empezaron juntos una jornada que ha durado más de cinco décadas a la fecha. ¡Y qué jornada que ha sido! Cuatro hijos casados, al presente cada uno frisando más de treinta o cuarenta años, y diez nietos que van desde uno que está en segundo grado de primaria hasta uno que acaba de graduarse de la universidad, forman su familia.

¿Quién habría adivinado, allá a mediados de la década de los cincuenta, todo lo que les habría sucedido a ellos y entre ellos ... y quién pudiera haber imaginado todas las vidas que ellos tocarían y todas las cosas asombrosas que experimentarían en el transcurso de esos cincuenta y más años? El hecho de que los dos sigan juntos es lo más asombroso de todo; ¡y sólo debido a la gracia de Dios!

A estas alturas usted ya ha adivinado que mi esposa y yo somos esa pareja original.

Mirando hacia atrás a estos muchos años de matrimonio, como lo hacemos de cuando en cuando, Cynthia y yo a menudo suspiramos y a veces sonreímos. Contrario a la opinión popular, no hemos estado exentos de los vientos tormentosos de la vida. Para hacer las cosas incluso un mayor reto, ni ella ni yo hemos sido personas con quien es fácil vivir. A decir la verdad, nuestro matrimonio literalmente ha tocado los extremos: de sobrevivir a prosperar. Pero la buena noticia es que, ¡lo hemos logrado hasta ahora! Mucho de eso se debe a que hemos hallado algunas de las cosas que hacen que un matrimonio funcione, y las hemos aplicado tan a menudo como ha sido posible.

Se me ocurrió que algunas de esas cosas que hemos aprendido valen la pena decirlas; y de allí surgió este libro. Si es de ayuda, me sentiré agradecido. Por favor, comparta con otros lo que usted lee. Si no le ayuda, lo lamento. Por favor, guárdeselo sólo para usted. Detestaría pensar que he empeorado un matrimonio débil.

—CHUCK SWINDOLL
Frisco, Texas

Uno

Esta no es la familia de su abuelo

─────────── ∞ ───────────

*I*magínese por unos momentos que usted es un Rip van Winkle moderno. Usted está disfrutando de una vida relativamente normal a mediados de la década de los sesenta, viviendo en su casa con su esposa a su lado, así como con sus hijos, todos menores de diez años. La vida es buena, y sin embargo una sutil intranquilidad ocasionalmente perturba su paz. Después del caos del asesinato de Kennedy, Washington ha vuelto a su pelea acostumbrada con Lyndon Johnson como el trigésimo sexto presidente de los Estados Unidos de América. Todo está tranquilo en Cuba y la Unión Soviética por el momento, pero esa problemática escaramuza en el suroeste de Asia parece estar empeorando.

Usted también se preocupa porque sus hijos ahora están escuchando a los Beach Boys después de que un hombre al que simplemente se le conocía como Elvis introdujo un tipo diferente de música a la audiencia popular. El meneo de sus caderas y movimientos sugestivos le han privado a la televisión de su inocencia anterior, pero usted pacientemente soporta a los

1

Smothers Brothers y está aprendiendo a tolerar el humor subido de tono del programa *Riéndose*. Después de todo, siempre pasan el programa de Lawrence Welk los sábados por la noche, y *Bonanza* todos los domingos después del culto vespertino.

"Hierba" es lo que impide que sus flores crezcan más, "María Juana" es el nombre de una muchacha, un "ratón" es un roedor molesto, Coca es un refresco, y "gay" en inglés quiere decir que la persona es alegre. *Aborto, incesto, homosexualidad y condón* son palabras que jamás oiría desde un púlpito y muy rara vez en público. Los Beatniks se han vuelto hippies, pero nunca los ve en alguna parte excepto por televisión, por lo general viviendo en comunidades o en alguna zona rural distante del país, o tal vez en la costa opuesta de la nación.

En términos generales, usted disfruta de su casa y su barrio tranquilo. Es un lugar seguro. Sus hijos salen a jugar en sus bicicletas los sábados por la mañana, y excepto para la hora del almuerzo, no los vuelve a ver sino hasta que anochece. Usted no se preocupa, porque los demás padres también tienen sus ojos abiertos por si surge algún problema, aunque es raro.

La vida es buena; no perfecta, sino buena. Sencilla, estable, manejable. Entonces ... usted se acuesta para tomar una siesta.

Cuando abre sus ojos, han pasado cuarenta años. Sus hijos ahora ya tienen más de cuarenta, y su cónyuge se ha ido. Habiendo decidido que usted probablemente nunca daría satisfacción a sus necesidades personales, el divorcio pareció la única alternativa razonable para asegurar felicidad a largo plazo. Así que su cónyuge ha hallado a otro. Su vivienda es ahora un departamento en un multifamiliar, y la afluencia ha desplazado la sencillez y seguridad de su antiguo barrio. Usted se interesa en explorar el mundo que ha cubierto los jardines verdes que rodeaban su patio. Pero usted se cohíbe, dándose cuenta de que ya no es seguro salir.

Quedarse en casa tampoco suena mejor. Un artefacto en su estudio presenta pornografía en la pantalla, así que usted se mantiene lejos de eso. Su televisor tiene diez veces el número de canales que solía tener, y las palabrotas salpican la mayoría de programas, incluyendo los noticieros, partidos deportivos, y especialmente los programas de opinión de altas horas de la noche. Usted solía menear la cabeza porque las parejas casadas en la televisión dormían en camas gemelas, pero ahora los personajes se acuestan con múltiples compañeros en un solo episodio. Es más, usted puede ver la mayoría de los detalles debajo de las sábanas cualquier tarde entre semana.

En el mundo más allá de su barrio, la oración es cada vez más ilegal, en tanto que se promueve el aborto. Las iglesias de las denominaciones tradicionales celebran cada vez más matrimonios entre individuos del mismo sexo. Si usted expresa sus objeciones con base bíblica, de inmediato se halla que lo acusan de "discurso inflamatorio" y se le tilda de "homofóbico." A los niños se les embute sexualidad cruda y violencia brutal mientras que los sociólogos se preguntan el por qué del aumento de derramamiento de sangre y actividad sexual entre adolescentes en las escuelas y colegios. La solución de la sociedad: hacerlos pasar por detectores de metales y darles un condón.

Decir que las cosas han cambiado es una grotesca subestimación.

3

A fines de la década de los sesenta el Seminario Teológico de Dallas auspició una conferencia de tres días con el doctor Francis Schaeffer. Me quedé absorto en mi asiento al ver a este profeta inusitado, del día moderno, que llevaba un suéter de cuello de tortuga y zapatos de lona, pintando un cuadro vívido de nuestros tiempos. Él reveló los patrones en el arte y literatura según han progresado en la historia, conduciendo a dónde estábamos entonces. Luego se aventuró a hacer unas pocas predicciones espeluznantes que desde entonces se han sucedido. Las palabras exactas de su última predicción nunca dejaron mi mente: "Algún día nos despertaremos y hallaremos que los Estados Unidos que una vez conocimos han desaparecido." Schaeffer ya está muerto, pero todavía habla. ¡Cuánta razón tenía!

ESTA NO ES LA FAMILIA DE SU ABUELO

El efecto sobre la familia no ha sido pequeño. Las imágenes de papeles domésticos han quedado tan estropeadas, que casi ni podemos reconocerlas. Un padre varonil que desempeña su papel como líder espiritual de la familia debe hacerlo casi pidiendo disculpas. Por tierno y sensible que sea su enfoque, nuestra cultura le acusará de ser patriarcal y autoritario. Una madre femenina que se deleita en su papel de brindar cuidado y respaldo desilusionará a un mundo que la observa. A pesar de su fortaleza digna y sacrificial, demasiados la dejarán con el extraño sentimiento de que tiene que demostrar algo. Además, en esta cultura de líneas borrosas, los hijos se han convertido en la pieza central del hogar. Todo debe girar alrededor de sus antojos y necesidades. Sin embargo, incluso hoy al mirar a los hogares con hijos más felices, se verá que su bienestar brota de una unión duradera e íntima entre su mamá y papá. Eso no ha cambiado en lo absoluto.

Pero difícilmente puedo echarle la culpa a los reformadores que aducen la idea de "los hijos primero." Digamos las cosas tal como son. Para muchos, el hogar ya no es un lugar seguro. James Patterson y Peter Kim, autores de *The Day America Told the Truth* [El día en que los Estados Unidos dijeron la verdad], tienen innegablemente razón cuando dicen que los Estados Unidos es la nación más violenta del mundo, y que el hogar es el epicentro de esa violencia. Los relatos de maltrato del cónyuge y de los hijos han llegado a ser tan comunes que hemos perdido nuestro sentido de enojo.

Los hombres tienen miedo de ser hombres. Las mujeres se avergüenzan de ser mujeres. Los hijos no están seguros de quién manda. Los hogares se han vuelto campos de batalla; y todo esto es tan inestable, tan temporal. En algunos respetos, hay que admitir, las cosas son mejores que hace cuarenta años; pero en tantos otros, mucho peor. Podemos debatir cada punto interminablemente, pero debemos convenir en una verdad inescapable: ésta no es la familia del abuelo.

PERSPECTIVA ÚTIL

Permítame asegurarle a estas alturas que este capítulo no se dirige a donde tal vez usted pudiera esperarlo; así que tenga paciencia. Los políticos conservadores a menudo empiezan sus discursos de forma parecida a la que he escogido para empezar a este libro.

Derraman estadísticas y señalan las tendencias alarmantemente en caída a fin de captar la atención del público lleno de miedo y luego prometen una solución política. Yo respaldo a muchos de ellos, y espero que contribuyan con una influencia positiva en cualquiera que sea el cargo que ocupan. Con todo, otros reformadores sociales lamentan los males de la tecnología moderna y su amenaza a las familias. Mi mensaje es claro y directo, pero no tiene el propósito de parecer avinagrado o anticuado. No tengo ningún interés en volver a los años idos. Me encantan las conveniencias y deleites del día de hoy. No volvería hacia atrás aunque pudiera.

Escribo esto, no como político ni tampoco como científico social, sino como esposo, papá, abuelo, pastor, y—espero— amigo suyo. Mi deseo es que todos los que leen estas páginas, sean jóvenes o viejos, de ideología conservadora o liberal, optimistas o pesimistas, empiecen este vistazo director al matrimonio y a la familia desde el mismo punto de vista, con este axioma sencillo:

El mundo ha cambiado,
y seguirá cambiando.

Esto no es gran revelación, lo comprendo, pero manteniéndolo presente en nuestras mentes nos ayudará de tres maneras importantes. Primero, nos arranca de los dedos crispados la esperanza fútil y frustrante de que alguna vez podremos volver a pasado. Segundo, nos alerta al hecho de que *nosotros* estamos cambiando como cambian las cosas que nos rodean. Tercero, nos insta a buscar algo permanente.

Enfrente al futuro

No podemos resolver los problemas modernos retrocediendo en el tiempo. Retirarse a la seguridad de lo familiar es una respuesta comprensible, pero Dios nos ha llamado a una vida de fe. La fe requiere que enfrentemos lo desconocido mientras que a la vez confiamos completamente en Dios. Es más, aferrarnos a los buenos días de antaño impide que las generaciones mayores enseñen a las más jóvenes. Las familias jóvenes necesitan perspectiva y estímulo que les ayude a lidiar con el ahora, en donde las decisiones forjan el futuro; un futuro en el que todos tendremos parte.

Examínese a sí mismo

He experimentado, como estoy seguro que usted también, un cambio en mi manera de pensar conforme nuestra sociedad ha ido cambiando. Cuando encontramos por primera vez maldad extrema, naturalmente reaccionamos con estupor e indignación. Recuerdo el escalofrío que me recorrió la espalda cuando leí de aquella madre que ahogó a sus hijos hundiendo su coche en un lago. También sentí indignación por la madre que ahogó a sus niños en la tina del baño. Luego, conforme unas cuantas más de estas historias salían a la luz, noté que cada vez me sentía un poco más alejado de la anterior. Sentí que yo pasaba de la indignación al desprendimiento, a la indiferencia, a la apatía. En momentos en que la guardia está baja, debo confesar un deslizamiento gradual, inevitable, hacia una aceptación pasiva de lo que yo sé que está mal. Lo que una vez me hacía sonrojar, ahora me entristece, pero rara vez me deja estupefacto.

Quisiera poder decir que todavía me sorprende cuando oigo de creyentes que viven juntos sin haberse casado. No lo acepto, ni lo condono. Nuestra iglesia debe tomar acción disciplinaria cuando esta situación se da entre nuestros miembros, pero ya no me perturba como hace tiempo. Mi posición bíblica sigue tan firme como siempre en el asunto, pero no gracias a una cultura que ha pasado de la apatía a la plena aceptación de este pecado y de tantos otros.

Unos pocos líderes muy influyentes de la cultura popular usan esta bajada resbaladiza para promover su agenda personal. En una entrevista en 1991 que le hizo *The Advocate*, que es una publicación homosexual, la popular artista Madonna contestó a una pregunta directa respecto a las imágenes provocativas que ella usaba en sus vídeos y espectáculo en escenarios, y qué efecto podrían ejercer esas imágenes en los adolescentes de los Estados Unidos. En respuesta ella dijo que los adolescentes digieren las imágenes insólitas y de géneros sexuales confusos en varios niveles. Ella esperaba que algunos conscientemente se disgustarían, pero que se sentirían inconscientemente estimulados sexualmente o desafiados al ver a hombres danzando entre sí vestidos de ropa interior femenina. Otros tal vez hallarían divertida la ironía, y eso les ayudaría a superar su temor de lo prohibido. Concluyó su declaración sugiriendo que, mediante la exposición repetida, lo provocativo gradualmente llegaría a ser menos estrambótico, y más normal.

Pero no se engañe. Esto es más que diversión inocua o mera "expresión artística." Esto es un esfuerzo consciente para mover poco a poco nuestros límites morales.[1]

8

Haga una pausa, y permita que esto penetre.

Robert Lewis, pastor en Little Rock, Arkansas, escribió estas muy astutas palabras en su libro *Real Family Values* [Valores familiares reales]:

> La familia cristiana mira mientras personas en autoridad toman decisiones que contradicen todo lo que esas familias saben que es verdad. ...
>
> Anestesiadas por una cultura corrupta, muchas familias han perdido la capacidad de discernir entre el bien y el mal. Nuestro filo moral se ha embotado. Nuestros hijos se sientan a nuestro lado en el sofá por la noche empapándose de las opiniones, valores e imágenes de una sociedad sin Dios. Nuestro silencio y pasividad son letales para ellos. ¡Y luego tenemos la audacia de asombrarnos por su falta de pasión espiritual y su propensión a hacer acomodos morales![2]

Si usted es como la mayoría de creyentes, es muy posible que su conciencia se haya insensibilizado. Tal vez a veces usted se halla a sí mismo volviendo a pensar en algunas verdades que usted sabe que están en la Biblia, pero preguntándose si ahora son relevantes. ¡Cuidado! Usted está sintiendo el tirón de la corriente, y un resbalón incontenible de acomodo moral no está muy lejos. Créame, yo lo he sentido. Nadie es inmune.

Busque la verdad

Con toda esta explicación en cuanto al cambio, necesitamos enfocar nuestra atención en algunas verdades inmutables: cosas que no han cambiado.

Primero, *el corazón de la humanidad no ha cambiado.* Usted y yo somos, por nacimiento, por naturaleza, y por decisión propia, depravados por dentro, o sea, que somos corruptos por entero. Esto no quiere decir que no hay nada de bueno en nosotros; porque lo hay. Sin embargo, cualquier cosa buena en nosotros ha quedado manchada por el mal. El mal lo toca todo. Sin el poder redentor de Cristo no podemos detener nuestra propia declinación moral. Sólo el poder del Espíritu Santo obrando en nosotros puede hacer eso.

Segundo, *el deseo de Dios para su pueblo no ha cambiado.* Dios es santo, justo y puro. Él nos dice en la Biblia que seamos como él es, así que Él espera que su pueblo sea santo, justo y puro; no mojigato, ni anticuado, ni cascarrabias, sino santo, justo y puro. Sabemos que esto es posible, porque Él nunca nos daría una directiva que no se pueda cumplir. Es más, Él prometió que a los que son suyos Él nos transformaría por su poder. Eso no ha cambiado. Podemos contar con eso.

Tercero, *Dios continúa siendo fiel y compasivo, y quiere que nosotros seamos fieles y compasivos.* Podemos resistir lo que es claramente maldad y definitivamente contrario a las Escrituras Sagradas y, sin ningún sentido de conflicto, amar a los que viven de manera diferente. Sí; podemos proclamar la verdad de la palabra de Dios y a la vez extender la mano para alcanzar a otros con genuino interés de modo de mejorar sus vidas. Es más, esa fue la esencia del ministerio de Cristo en la tierra. Pero no espere medallas. Tal como Jesús fue crucificado, así usted puede esperar una respuesta fría en el mejor de los casos, y persecución abierta en el peor. Pero sepa que si lo hace correctamente, habrá vidas que reciben un impacto para Cristo. La santidad de Dios no ha cambiado, ni tampoco su compasión.

Cuarto, *la verdad de Dios sigue inmutable, tal como está revelada en las Escrituras.* Mientras que los medios populares de comunicación cuestionan los conceptos tradicionales e insensibilizan nuestras terminaciones nerviosas morales, y mientras que las cortes tratan de redefinir la verdad para que se acomode a un estándar moral siempre cambiante, podemos contar con que la Biblia refleja la mente de Dios, quien es la fuente de toda verdad. Todo lo demás puede fallar, pero, como siempre, podemos confiar en la palabra de Dios.

> **Permítame resumir todo lo que he dicho hasta
> aquí: El mundo ha cambiado y seguirá cambiando,
> pero Dios nunca cambia;
> así que estamos seguros cuando nos aferramos a él.**

ESPERANZA PARA LA FAMILIA EN GENERAL Y SU MATRIMONIO EN PARTICULAR

Nuestro objetivo en este libro no es recuperar una era pasada, sino seguir estando al día y con pertinencia sin hacer acomodos en nuestra dedicación a la verdad de la palabra de Dios. La afirmación que antecede no fue menos verdad cuando Moisés escribió Deuteronomio que lo es hoy. El cambio no es nada nuevo. Ciertamente las cosas cambian de generación a generación, e incluso dentro de una generación nada sigue siendo lo mismo. Mire hacia atrás, a los años que usted pasó en su familia paterna. ¿Parecía entonces como si sus padres siempre estuvieran viéndoselas con un gran cambio u otro? Una nueva añadidura a la familia o una muerte sorpresiva; un empleo diferente, un barrio no familiar, una casa diferente, o una escuela distinta, o un coche, o nivel de ingresos. Como digo en mi libro *Cuando se atraviesa los tiempos difíciles*, ¡si no es una cosa, es otra!

Los sucesos que se registran en *Deutero*nomio ocurrieron después de muchos cambios; y el pueblo de Israel estaba a punto de enfrentar muchos más. Los hijos de Jacob se habían establecido en Egipto cuando una gran hambruna asolaba Canaán, la Tierra Prometida. Pero cuando Canaán se recuperó, el pueblo hebreo se quedó en una región muy próspera de Egipto. Como sucede tan a menudo, la prosperidad se erosionó convirtiéndose en esclavitud, y los israelitas no podían irse aunque lo quisieran. Después de 430 años en Egipto, Dios lo libró de su esclavitud, dándoles a Moisés como su líder. ¡Hablando de cambios!

Moisés dirigió a esta nación, de tal vez como dos millones de personas, a salir de Egipto y apropiarse de la tierra que Dios les había dado por intermedio de su antepasado, Abraham. Pero cuando llegaron a la frontera, y analizaron la competencia, los israelitas no confiaron en el Señor. Por votación decidieron volver a la esclavitud antes que conquistar la tierra que Dios había prometido darles. Para castigar a la generación incrédula,

Dios hizo que la nación viviera como nómada hasta que sus hijos tuvieran edad suficiente para seguir con la tarea. Megacambios acompañaron esas décadas difíciles.

Después de cuarenta años de andar deambulando de un lugar a otro, la nación finalmente estaba lista para entrar en la tierra. Moisés, con 120 años a cuestas, había llegado al fin de su vida. Deuteronomio representa sus últimas palabras al pueblo de Israel. Como venerable bisabuelo en su lecho de muerte, Moisés reunió a su familia y reiteró sus lecciones más importantes. De allí recibimos el nombre del libro. *Deutero* quiere decir "segundo," y *nomos* quiere decir "ley." Deuteronomio es una recapitulación de la ley divina en términos prácticos.

Moisés también entendió que este era un momento crucial en la vida de Israel como nación. Los hebreos entrarían a vivir en ciudades que ellos no habían establecido, y a vivir en casas que no habían construido. Comerían de árboles y viñedos que no habían plantado, y beberían de pozos que no habían excavado. El pueblo de Dios disfrutaría de un estilo de vida con tanta riqueza y prosperidad que el peligro de olvidarse de Dios se cernía ominosamente. Sus palabras empiezan con una verdad sencilla:

> Oye, Israel: Jehová nuestro Dios, Jehová uno es (Deuteronomio 6:4).

Esto empieza un pasaje que los judíos llaman la *shemá*. El nombre viene de la primera palabra que salió de la boca de Moisés, "oye," y es una orden. ¡Escuchen! Escuchen esta verdad fundamental: Dios es su amo, y es su único amo. Él es absolutamente único y no existe ningún otro Dios. Esta verdad fundamental naturalmente conduce al mandamiento más importante.

Y amarás a Jehová tu Dios de todo tu corazón, y de toda tu alma, y con todas tus fuerzas (Deuteronomio 6:5).

En otras palabras: "No retengas nada. Ámale con todo lo que eres, y con todo lo que tienes." Esta verdad y este mandamiento debían ligar a cada individuo en una relación personal con Dios. Es más, cada persona debía pasarla a su cónyuge y familiares al permitir que esta verdad permee todo aspecto de la vida.

Y las repetirás a tus hijos, y hablarás de ellas estando en tu casa, y andando por el camino, y al acostarte, y cuando te levantes (Deuteronomio 6:7).

La palabra hebrea que se traduce "repetirás" en su sentido literal quiere decir "afilar," y "repetir" en su sentido figurado. Al afilar una hoja con una piedra, se frota repetidamente el metal con la piedra hasta que el filo queda afilado. El verbo hebreo está en una forma intensiva, lo que sugiere "enseña a tus hijos esta verdad *continuamente* hablando de ella y viviéndola en la práctica frente a ellos." Esto es más que las devociones de familia o una oración memorizada antes de comer. Una devoción apasionada a Dios debía permear todo aspecto del hogar, empezando con la pareja casada y luego, cuando los hijos llegaran, los padres. El versículo 10 y siguientes explican por qué Moisés enseñó esto con un celo tan apasionado.

Cuando Jehová tu Dios te haya introducido en la tierra que juró a tus padres Abraham, Isaac y Jacob que te daría, en ciudades grandes y buenas que tú no edificaste, y casas llenas de todo bien, que tú no llenaste, y cisternas cavadas que tú no cavaste, viñas y olivares que no plantaste, y luego que comas y te sacies, cuídate de no olvidarte de Jehová, que te sacó de la tierra de Egipto, de casa de servidumbre. ... Y nos mandó Jehová que cumplamos todos estos estatutos, y que temamos a Jehová nuestro Dios, *para que nos vaya bien todos los días, y para que nos conserve la vida*, como hasta hoy (Deuteronomio 6:10-12, 24; énfasis añadido).

Moisés había sido una señal visible de la presencia de Dios para Israel durante el éxodo de Egipto y sus cuarenta años de vida nómada en el desierto. Como profeta, Moisés era el portavoz del Señor. Él entrego los estatutos de Dios. Dirigió a los hebreos en la batalla; organizó su práctica religiosa y estableció su gobierno. Como un padre, intercedió por ellos, les enseñó, los castigó, y los cultivó en su relación con el Señor. Había estado con ellos al atravesar muchos cambios. Ahora, como un padre que da a su hijo libertad en el mundo, Moisés quería que ellos marchen por sus propios pies: que se apropien personalmente de la ley de Dios. En esencia, les dijo: "Yo me voy, pero estas leyes permanecen. Recuerden esto: son *para su bien* y son necesarias *para su supervivencia*. ¡Ignórenlas a su propio riesgo! Si eso ocurre, ustedes absorberán como esponja seca las culturas paganas y el estilo de vida de los canaanitas. Se extinguirán en una generación."

Es lo mismo con nosotros. Jesús superó la ley mosaica. Ya no nos acercamos a Dios mediante un sistema de estatutos y sacrificios en el templo. Sin embargo, los principios de su palabra no son menos importantes y el imperativo no es menos apasionado. Cuando un experto en la ley mosaica le preguntó a Jesús cuál mandamiento era el más grande, Jesús contestó:

> El primer mandamiento de todos es: Oye, Israel; el Señor nuestro Dios, el Señor uno es. Y amarás al Señor tu Dios con todo tu corazón, y con toda tu alma, y con toda tu mente y con todas tus fuerzas (Marcos 12:29-30).

En un mundo siempre cambiante, esto continúa siendo permanente. Mientras que sentimos el tirón de la corriente que nos arrastra hacia una ineludible caída moral, podemos aferrarnos a esto. Nuestra relación con el Señor no sólo que es buena, sino que es esencial para nuestra supervivencia. Su matrimonio y su familia son todavía las mejores maneras de asegurar el bien y la supervivencia de generaciones futuras.

CUATRO PRINCIPIOS FUERTES Y APLICACIONES SENSATAS

Todo esto me lleva a algunos principios que son verdad tanto como eternos. También nos prepararán para los capítulos venideros. Piense primero en su *matrimonio*, y luego en su *familia*.

¡Despiértese!

La condescendencia nos ciega a la realidad. Al dejarnos llevar por la corriente de nuestra cultura, siguiendo la senda de menor resistencia, no notamos la distancia creciente entre nosotros y el Señor. Es fácil trivializar el mal, ser indiferentes al mismo, tolerarlo, aceptarlo, y finalmente abrazarlo. ¡Despiértese! Mire lo que usted es en relación al Señor y determine enfocar eso realistamente.

Este no es tiempo para echarse a dormir. Si se trata sólo de usted y su cónyuge, permanezca despierto y alerta a las súplicas sutiles de los acomodos. Si tiene hijos pequeños en casa, sea proactivo para descubrir cómo la cultura de ellos puede estar influyendo en ellos. Si tiene adolescentes, invierta algún tiempo viendo los programas de televisión que ellos ven y oyendo la música que les gusta a ellos. Tal vez usted tenga que intervenir, pero es mejor si usted entiende los mensajes que ellos están recibiendo, de modo de que el mundo no sea la única voz que sus hijos oyen.

No se deje engañar por el desenfado de ellos. Usted no puede silenciar al mundo, pero tampoco tiene que hacerlo. Sus hijos anhelan con ansia dirección en medio de lo que es para ellos un tiempo de confusión y cambio. Ellos simplemente pretenden descartar su consejo y su intervención. Es más, su palabra cuenta para ellos mucho más de lo que ellos están dispuestos a admitir. Bien pueden encogerse de hombros y entornar los ojos, pero le oyen.

¡Escuche!

El *conocimiento* nos hace libres. El enemigo de nuestra alma se aprovecha de la ignorancia. En tanto y en cuanto Satanás, el príncipe de este mundo, pueda mantenerlo ignorante, puede engañarlo con superstición y temor. Él tergiversará su teología a fin de mantenerlo persiguiendo soluciones erradas. ¡Las consecuencias de ese abandono son devastadoras! Su vida espiritual estará dominada por incertidumbres e inseguridades. Se hallará confundido en cuanto a quién es usted y a dónde se dirige.

Jesús dijo esto en cuanto a ser su discípulo. "Si vosotros permaneciereis en mi palabra, seréis verdaderamente mis discípulos; y conoceréis la verdad, y la verdad os hará libres" (Juan 8:31-32).

Cuando usted está creciendo en su *conocimiento* de la palabra de Dios, eso lo equipa para pensar claramente y ver el mundo en forma realista. Estudie las Escrituras Sagradas. Lea la Biblia diariamente, y memorice pasajes clave. Cada vez que me dedico a ese ejercicio, me asombra ver cómo se aguza mi discernimiento; y cuanto mejor enfrento las pruebas rutinarias de la vida.

¡Salga al frente!

Necesitamos ser como los hombres de Isacar. La Biblia dice de ellos: "De los hijos de Isacar, doscientos principales, *entendidos en los tiempos, y que sabían lo que Israel debía hacer,* cuyo dicho seguían todos sus hermanos" (1 Crónicas 12:32, énfasis añadido).

Una aguda comprensión de nuestra cultura nos impulsa a actuar valientemente. Cuando podemos ver las cosas como

Dios las ve, y cuando examinamos el mundo con la perspectiva de Dios, hallamos dentro de nosotros mismos un tipo de valor estimulado por Dios, sobrenatural, para asumir una posición, para ser diferentes. Exige sabiduría hacer eso sin parecer bien sea patético o condenatorio. En tanto que queremos que nuestra diferencia sea atractiva, con todo experimentaremos rechazo y ridículo. Sea como sea, debemos actuar.

Respalde a los hombres y mujeres en cargos públicos que usted sabe que son creyentes. Respalde la legislación que protege el matrimonio y la familia tradicionales como Dios los estructuró originalmente. Luche contra cualquier cosa que arrastra a nuestra sociedad alejándola de los principios bíblicos que Dios nos dio para nuestro bien y para nuestra supervivencia. Piense de usted mismo como un hijo o hija de Isacar de nuestros días.

¡Mire hacia arriba!

Dios nos ama incondicionalmente. Esas son buenas noticias que debemos recordar a menudo. Mientras usted lee este libro, los conflictos en su matrimonio o su familia pueden estarle causando gran tristeza, temor o duda. Tal vez la tensión en su matrimonio amenaza destrozarlo. Tal vez las presiones desde afuera han trastornado su relación y hecho de la intimidad más que un reto. Tal vez usted haya tomado decisiones calamitosas o incluso trágicas, que han puesto su matrimonio en peligro. Sea cual sea su situación, sea cual sea el reto que usted enfrenta, Dios le ama incondicionalmente, y quiere que su matrimonio no sólo sobreviva sino que prospere. ¡Mire hacia arriba! Clame a Dios.

Acuda a él ahora. Invítele a tomar el control de su matrimonio. Al orar, mencione por nombre a su cónyuge y a cada miembro de su familia, pidiéndole al Señor que intervenga y se abra paso por entre algunas barreras largamente sostenidas.

SUMARIO

La condescendencia nos ciega a la realidad, así que despiértese. El conocimiento nos hace libres, así que escuche. El discernimiento nos impulsa a actuar valientemente, así que salga al frente. Dios nos ama incondicionalmente, así que mire hacia arriba.

Admito que estos cuatro principios fuertes y aplicaciones sensatas pueden parecerle simplistas en la página, pero le aseguro que no lo son. Cada punto intenta destilar en algo memorable una perspectiva profunda. Después de casi cincuenta y un años de matrimonio y cuarenta y cinco años de vida de familia, con toda honestidad puedo decirle que estos conceptos son recordatorios verdaderos y probados en los que me apoyo incluso hoy. De hecho, le recomendaría fuertemente que vuelva a leer este capítulo para cimentarlo en su mente. Lo más probable es que usted verá algunas cosas que se le pasaron por alto la primera vez.

Mientras que examinamos la escena doméstica de su hogar con mucho más detalle en los capítulos que siguen, nos mantendremos cerca a las Escrituras. Echaré mano, por supuesto, de las lecciones duramente aprendidas que han venido mediante muchos golpes duros, y le diré las nociones personales que he adquirido con el correr de los años. Sin embargo, necesito decir que no soy autoridad en el matrimonio; Dios lo es. Espero que al terminar este libro usted quedará con un mayor entendimiento de lo que Dios dice en cuanto a este vínculo misterioso, porque la palabra de Dios lo ha aclarado en su mente. Tengo confianza en el poder de la Biblia para transformar su matrimonio, su familia, e incluso nuestra sociedad entera con su verdad.

Erwin Lutzer ilustra de esta manera el poder transformador de la palabra de Dios en una cultura:

Bretaña en el siglo dieciocho estaba en un estado tan triste de declinación que hubo que cerrar el Parlamento a mediodía porque demasiados de sus miembros estaban completamente borrachos. Se abandonaba a los niños para que mueran, y la inmoralidad era rampante. El conocimiento de Dios casi había desaparecido de la vista. Misericordiosamente, Dios invirtió esa tendencia mediante la predicación de Juan Wesley y Jorge Whitefield. Algunos historiadores piensan que fue ese despertamiento lo que libró a Bretaña de la suerte sangrienta de Francia, destrozada por la revolución violenta.[3]

Inglaterra había empezado una caída moral, pero Dios intervino. Él uso el valor de unos pocos hombres y mujeres fieles que dijeron: "Miraremos a Dios, y Él nos darán dirección y fuerza."

Nosotros podemos ser como ellos. Empecemos con su matrimonio y el mío.

Dos

Cómo volver al blanco

⚜

En 1947 el Dr. Carle Zimmerman, profesor de sociología de la Universidad Harvard, publicó un libro titulado *Family and Civilization* [Familia y civilización]. En este libro muy técnico, él estableció una correlación inequívoca entre la fuerza de la familia y la fuerza de la cultura. Como los dientes de un engranaje encajan en el de otro, las actitudes que socavan una familia a la larga derribarán a la nación.

El Dr. Zimmerman identificó tres tipos de familias, a la última de las cuales llamó "atomística." Después de un cuidadoso estudio de los grandes imperios del mundo, halló que una nación de familias predominantemente atomísticas rara vez escapa de la extinción. Yo hallo su descripción de este tipo de familia espeluznantemente profética:

Este tipo de familia surge primero como una extensión de las ideas de libertad del individuo ... Así al individuo se lo deja más o menos sólo para hacer lo que se le antoje. Al principio la libertad se convierte en un incentivo para

23

la ganancia económica. ... Pero tarde o temprano el significado de esta libertad cambia. El individuo, no teniendo principios morales que lo dirijan, cambia el significado de la libertad, de oportunidad a libertinaje. No teniendo ninguna guía interna o externa para disciplinarlo, se vuelve un jugador con la vida, siempre buscando pastos más verdes. Cuando llega a la inevitable dificultad, se halla sólo en su desdicha. Desea pasarle sus dificultades y su desdicha a otros. Consecuentemente continuamente ayuda a levantar instituciones para "remediar" su desdicha. De buen grado sigue a cualquier profeta (y en su mayoría son falsos) que aparece con una cura y panacea segura y cierta para las enfermedades del sistema social.[1]

Así presenciamos la anomalía peculiar en que esas personas atomísticas, que parecen haberlo dado todo por "esta libertad," son los que forjan las dictaduras más violentas y sangrientas."[2]

Las siguientes son seis de las actitudes particulares que Zimmerman indica como típicas de una sociedad que se aproxima a sus últimos días. La mayoría de ellas tienen que ver con el matrimonio.

- Aumento en el divorcio, rápido, fácil, y "sin causa."
  [La teoría de la parte culpable o inocente se volvió pura ficción].
- Eliminación del significado real de la ceremonia de matrimonio.

- Surgimiento de teorías de que el matrimonio de compañía o formas más flojas de familia resolverían los males sociales. [Un matrimonio de compañía es aquel en que la pareja acuerda simplemente ser compañeros, y no tener hijos, ni combinar sus finanzas, y divorciarse por consentimiento mutuo].
- La negativa de muchos otros casados bajo la anterior forma familiar para mantener sus tradiciones mientras otros escapan estas obligaciones. [Las madres griegas y romanas rehusaban quedarse en casa y tener hijos].
- El desmoronamiento de la mayoría de inhibiciones contra el adulterio.
- La aceptación común de todas las formas de perversiones sexuales.[3]

Cuando empecé la preparación para escribir este libro, le prometí al Señor que no sería profeta de ruina y catástrofe, sino que más bien procuraría ser un estímulo. Esa es mi promesa para usted. Pero necesitamos empezar con una perspectiva realista. En el capítulo previo hice un llamado para que nos "despertemos." Cada una de estas seis tendencias que Zimmerman explicó no sólo ha continuado sino que se han acelerado. Me entristece observar que a las personas en nuestras iglesias no les va mucho mejor que al mundo en general. Las estadísticas para el divorcio y la infidelidad son virtualmente las mismas para los que se describen a sí mismos como creyentes dedicados como para los que no lo son. Admito que todo esto hace que me recorra un escalofrío por la espalda al mirar a los que me rodean.

Felizmente, tenemos esperanza por dos razones importantes. Primero, Dios obra mediante una minoría; un remanente. Un remanente es un grupo de personas santas en medio de una sociedad impía. La mayoría de personas pueden rechazar la noción divina del matrimonio, pero Dios puede escoger revertir esas tendencias mediante el ejemplo de unos pocos fieles. Él ha hecho eso antes, muchas veces.

Segundo, decisiones malas en el pasado no impiden decisiones futuras buenas. Recuerde esto: *nunca es demasiado tarde para empezar a hacer lo debido.* Usted bien puede haber hecho un caos de este matrimonio, de otro matrimonio, o incluso de varios matrimonios. No permita que eso le impida hacer de su situación presente, sea que esté casado o soltero, un tributo a la gracia de Dios. ¡Nunca es demasiado para empezar de nuevo! Lo mismo es cierto en cualquier sociedad; podemos levantarnos por encima de los fracasos del pasado escogiendo el camino de Dios en lugar del nuestro.

Yo quiero que usted vea esperanza en estas páginas, aun cuando nuestra cultura se ha descarriado de la verdad, y nosotros hemos permitido que se nos arrastre en ese descarrío. La esperanza bíblica no vendrá al ignorar los problemas, sino al creer que Dios es más grande que cualquiera de ellos. Ninguna amenaza es demasiado para él. Nada le toma por sorpresa. Ningún pecado es demasiado para su poder y gracia. Nuestra responsabilidad es dar un vistazo realista a nuestras propias actitudes y decisiones, compararlas con la palabra de Dios, y arrepentirnos en lo que sea necesario.

Interesantemente, la palabra principal para pecado en el Nuevo Testamento es *jamartía*, que literalmente significa "errar el blanco." Para experimentar personalmente todo el gozo que Dios propuso para nosotros, y si esperamos ser el remanente que dirige a nuestra cultura hacia la verdad, debemos volver a enfilar nuestras familias hacia el blanco; dejar de errar el blanco. Obviamente, eso debe empezar con *su* matrimonio.

Teniendo esto en mente, quiero llevar su atención de la historia y sociología a la palabra de Dios; de lo lóbrego a la sublime. Es cuando acudimos a la palabra de Dios que adquirimos una perspectiva fresca.

El matrimonio es invención de Dios

El capítulo 2 de Génesis es una narración. Si examinamos con cuidado los símbolos y cómo el autor inspirado escribe el relato, descubriremos que el matrimonio es invención de Dios. Dios propuso que esta unión vitalicia, exclusiva, entre un hombre y una mujer llegue a ser el cimiento sobre el cual se edifica una familia. La primera de todas las relaciones humanas se remonta hasta la misma creación.

Para poner el contexto de la historia, note la progresión en Génesis 1:

Dios creó la luz y declaró que era "buena" (v. 4).

Dios creó la tierra seca y los mares y "vio Dios que era bueno" (v. 10).

Dios dio vida a la vegetación y "vio Dios que era bueno" (v. 12).

Dios colgó los astros en el espacio y "vio Dios que era bueno" (v. 18).

Dios hizo las criaturas marinas y las aves y "vio Dios que era bueno" (v. 21).

Dios hizo los animales terrestres y "vio Dios que era bueno" (v. 25).

Dios vio todo lo que había hecho y declaró que todo "era bueno en gran manera" (v. 31).

Pero entonces algo sorpresivo ocurre en Génesis 2.

En tanto que el relato de la creación en Génesis 1 incluye la formación de los seres humanos, lo hace sólo de una manera resumida. Génesis 2 rebobina la cinta para permitirnos ver la creación de la humanidad en cámara lenta y con mayores detalles. Después de crear todo en el mundo y declararlo bueno, el Señor formó a un solo ser humano, y por primera vez en las Escrituras dice: "No es bueno" (Génesis 2:18; énfasis añadido). ¿Creó Dios acaso al hombre incorrectamente? No. "No es bueno que el hombre esté solo." Una traducción literal del texto hebreo diría: "El hombre estando solo no es bueno."

Dios colocó al varón solitario en un huerto que suplía todas sus necesidades físicas, sin embargo su evaluación fue, en efecto, "el hombre todavía tiene una necesidad." Así que el Creador dijo: "le haré ayuda idónea para él." Nótese dos palabras en particular: "ayuda" e "idónea."

Adán necesitaba una ayuda, una ayudante. Casi puedo oír el boqueo del asombro contenido, pero antes de que usted lea demasiado en la palabra castellana *ayuda*, necesitamos algo de auxilio de la gramática hebrea. "Ayuda" o "ayudante," suena servil, incluso algo patético. Pensamos de una persona que tiene el conocimiento y capacidad para realizar una tarea en tanto que el "ayudante" meramente facilita algo el trabajo. Pero no es así como los hebreos usaban ese término. La palabra hebrea *ezer* tiene la idea de suplir algo crucial que hace falta, y más a menudo se refiere a Dios. Por ejemplo, Salmos 30:10 dice: "Oye, oh Jehová, y ten misericordia de mí; Jehová, sé tú mi *ayudador*." Salmos 54:4 declara: "He aquí, Dios es *el que me ayuda*; El Señor está con los que sostienen mi vida."

"Ayuda," en la mentalidad hebrea es muchas cosas excepto servil. Dios vio a Adán y determinó que faltaba algo esencial. La humanidad estaba incompleta. La soledad de esa humanidad *no* era buena. Sabemos por Génesis 1 que los seres humanos debían multiplicarse, llenar la tierra y gobernarla. Adán fue hecho para un propósito que él no podía cumplirlo por sí solo. El canto de la vida debía cantarse cómo dúo, en armonía, pero Adán era sólo una voz. Su solo no bastaría.

Todavía más, sólo la clase correcta de voz bastaría. Nótese que la ayuda debía ser "*idónea*," o, más literalmente, "una de acuerdo a su opuesto" o "una que sea correspondiente a él." Esta segunda creación humana habría de ser un ser diferente

de todo lo demás que había sido creado. Observe lo que Dios
hizo luego:

> Jehová Dios formó, pues, de la tierra toda bestia del campo,
> y toda ave de los cielos, y las trajo a Adán para que viese
> cómo las había de llamar; y todo lo que Adán llamó a los
> animales vivientes, ese es su nombre. Y puso Adán nombre
> a toda bestia y ave de los cielos y a todo ganado del campo;
> mas para Adán no se halló ayuda *idónea* para él (Génesis
> 2:19-20; énfasis añadido).

Admito que esto se ve muy extraño en el contexto de buscar
un cónyuge para Adán, pero recuerde que Dios sabía todo el
tiempo lo que iba a hacer. Este ejercicio fue para beneficio de
Adán ... y para el nuestro al leerlo. Conforme el Señor hacía
desfilar todo tipo de animales ante Adán, el hombre tendría que
reconocer que cada uno tenía un semejante correspondiente.
Pero también vería que nada en toda la creación animal era una
compañía apropiada para él. Algo milagroso debía tener lugar.
Una criatura completamente diferente tendría que ser formada.
Y, en tanto que los demás seres creados fueron formados de
la tierra, note la diferencia muy significativa en los siguientes
versículos:

> Entonces Jehová Dios hizo caer sueño profundo sobre
> Adán, y mientras éste dormía, tomó una de sus costillas, y
> cerró la carne en su lugar. Y de la costilla que Jehová Dios
> tomó del hombre, hizo una mujer, y la trajo al hombre.

Dijo entonces Adán: Esto es ahora hueso de mis huesos y carne de mi carne; ésta será llamada Varona, porque del varón fue tomada (Génesis 2:21-23).

El venerable comentario de Matthew Henry ofrece la siguiente observación que hallo muy al punto. Dice: "La mujer *fue hecha de una costilla del costado de Adán*; no fue hecha de su cabeza como para que lo gobierne, ni de sus pies para que él la pisotee, sino de su costado para que sea igual a él, bajo su brazo para que sea protegida, y cerca de su corazón para que sea amada."[4] También nota: "Si el hombre es la cabeza, ella es una corona, una corona para su esposo, y la corona de la creación visible. El hombre fue polvo refinado, pero la mujer fue polvo doblemente refinado, un poco más distante de la tierra."[5]

Una vez que Adán "se recuperó de la cirugía" abrió sus ojos y vio a la mujer. El texto hebreo es enfático de manera que las primeras palabras se deberían traducir: "Ya, finalmente, *¡por fin!*" Ella complementó perfectamente todos los puntos fuertes y débiles del hombre de una manera que ninguna otra criatura podía hacerlo. La declaración de Adán: "Esto es ahora hueso de mis huesos y carne de mi carne," es la base para una expresión hebrea que describe proximidad, unidad o intimidad. Comunica que ella es el cumplimiento de todo lo que él deseaba; y habiendo visto a todas las demás criaturas que Dios había hecho, ¡él estaba en buena posición para saberlo! Esta es una escena imponente que tiene lugar en un escenario idílico, y es el principio de una maravillosa historia de amor.

No se apresure a pasar a Génesis 3, o a la serpiente, o al pecado, o a la caída. No pase allá ... todavía. Permita que su mente se quede por un tiempo en el don maravilloso que Dios le había dado a los primeros individuos: el matrimonio, la mezcla armoniosa de dos vidas en una relación prístina que daba gozo y satisfacción a ambos. Sólo Dios podía crear algo tan magnífico.

Ese es nuestro blanco: una unión pura, sin inhibiciones, sin egoísmo, bendita, que disfrutan dos personas hechas el uno para la otra; sin barreras, sin cuestionamientos, sin incomodidad, sin recelos. Simplemente intimidad. Haga una pausa y use los ojos de su mente. Imagínese los problemas que ellos no tuvieron. Luego imagínese cómo se habrían comportado el uno hacia el otro.

CUATRO ELEMENTOS ESENCIALES
PARA EL MATRIMONIO

Al mismo final de esta narración Moisés escribe una declaración muy significativa que pone el cimiento para el matrimonio tal como Dios originalmente diseñó que fuera. Estas palabras son tan importantes que Jesús las usó en su enseñanza sobre el matrimonio (Mateo 19:5), como también Pablo (Efesios 5:31).

Por tanto, dejará el hombre a su padre y a su madre, y se unirá a su mujer, y serán una sola carne. Y estaban ambos desnudos, Adán y su mujer, y no se avergonzaban (Génesis 2:24-25).

En estos dos versículos hallamos cuatro elementos esenciales que mantienen unido a un matrimonio. Siempre que he trabajado con alguna pareja que tiene dificultades, casi sin excepción he hallado que por lo menos uno o más de estos elementos está faltando o se lo ha distorsionado. Por otro lado, cuando observo una unión buena, saludable, la pareja por lo general tiene todos los cuatro elementos en su lugar. Por razón de sencillez, he reducido cada elemento a una sola palabra.

Separación

Por tanto, *dejará* el hombre a su padre y a su madre ...
(Génesis 2:24; énfasis añadido).

La palabra hebrea que aquí se traduce "dejar" lleva la idea de "abandonar." Pero no lea en ella más de lo que Dios está diciendo. No está llamando a que el hombre y la mujer le falten el respeto a sus padres. A los padres no se les debe ignorar, ni olvidar, ni tratarlos con frialdad. "Abandonar," aquí tiene dos ideas importantes en mente. La primera tiene que ver con la lealtad o apego primarios. En tanto que se continúa dando honor y amando a los padres, la esposa viene primero, o el esposo viene primero.

Mi amigo y colega el doctor Frank Minirth lo dice muy bien:

"Dejar y unirse" puede sentirse como traición y lleva consigo cierta cantidad de culpabilidad. "¿Cómo puedo darle la espalda a las personas que me dieron el ser, me dieron de

comer, me amaron, y me protegieron por tantos años?"
Felizmente la verdad de la Biblia le da permiso para que
usted se dedique a sí mismo por entero a su nueva unidad
familiar, sin ninguna culpa. El no hacer esto a la larga
pondrá tensión en toda relación personal que usted tiene.
Además, darle preeminencia a su nueva familia no exige
que usted ame menos a su familia previa. Muy al contrario;
¡usted puede amarlos el doble![6]

"Abandonar" significa, en primer lugar, que el hombre y la
mujer cambian su lealtad primaria. Segundo, "abandonar" a la
familia de origen tiene que ver con dependencia. El hombre y la
mujer ya no miran a mamá y a papá en busca de sostenimiento
o para que suplan sus necesidades. Más bien, empiezan a mirar
el uno al otro. Esto no quiere decir que la pareja no puede o
no debe aceptar ayuda. De hecho, ha sido una alegría particular para Cynthia y para mí ayudar a cada uno de nuestros hijos
a comprar sus viviendas como una parte principal de nuestra
herencia para ellos. Les ofrecimos nuestra ayuda, pero ellos no
la esperaban. Les ayudamos y les dimos regalos, pero ellos y sus
respectivos cónyuges dependen el uno del otro. La única manera
de tener una familia verdaderamente autónoma, que se sostenga
a sí misma, es que el hombre y la mujer se separen de sus familias
originales.

Me asombra ver a algunos, y no necesariamente jóvenes,
que todavía no han dejado a mamá y a papá. Aunque están
casados, todavía se aferran a su familia original, atados emocionalmente a uno o a ambos de sus padres. Esto me recuerda

un canto folclórico que solíamos cantar cuando muchachos. Se
llamaba "Guillermito." No puedo resistir la gana de hacer un
análisis breve del canto.

> ¿Dónde has estado,
> Guillermito, Guillermito?
> ¿Dónde has estado,
> encantador Guillermito?
> He estado buscando una esposa;
> es la alegría de mi vida.
> Es joven y hermosa,
> y no puede dejar de su madre.

Cada estrofa termina con: "Es joven y hermosa, y no puede
dejar de su madre." Así que me preguntaba cuántos años tendría
ella. Al leer más en el canto, hallé la respuesta

> ¿Cuántos años tiene,
> Guillermito, Guillermito?
> ¿Cuántos años tiene ella,
> encantador Guillermito?
> Tres veces seis, y cuatro veces siete,
> veintiocho más once.
> Es joven y hermosa,
> y no puede dejar de su madre.

Tres veces seis (18), más cuatro veces siete (28), más 28 y
11, ¡para un gran total de 85 años! ¡La novia de Guillermito es

octogenaria! *¡Olvídalo, Guillermito!* Ella no es la mujer para ti. Si ella no puede dejar a su madre a estas alturas, créeme, ¡jamás la dejará! Es más, tampoco será gran cosa como compañera en el matrimonio.

Ahora, para ser justos, he visto casi igual número de hombres que no pueden separarse de las faldas de la mamá como de mujeres cuyos corazones le pertenecen al papá. He visto mujeres con un lazo tal con la mamá que no hay espacio para nadie más, y hombres que dependen de la chequera del papá tanto como de la propia. A menos que ambos cónyuges en un matrimonio deliberadamente "dejen" a sus familias previas, el matrimonio no puede triunfar.

Permanencia

. . . y se unirá a su mujer, (Génesis 2:24).

El segundo elemento es permanencia. La permanencia naturalmente sigue a la separación. Observe, de paso, que cada elemento se edifica sobre el anterior. Uno debe dejar la familia original antes de poder verdaderamente unirse a un cónyuge. Cuando veo la palabra hebrea para "unirse," pienso en el pegamento. Mientras escribo esto los trabajadores están completando la estructura de madera de una nueva casa para Cynthia y para mí (¡y será nuestra última!). Usan un pegamento especial que une dos pedazos de madera tan permanentemente que, si se trata de separarlos, la madera se parte en otro lugar antes que desprender el pegamento.

Es la misma palabra que usó Rut al prometer su devoción a Noemí después de que ambas mujeres habían enviudado. Cuando se la usa figuradamente en cuanto a personas, describe devoción absoluta, lealtad absoluta, afecto y amor incuestionables. Esto no es dependencia de aferrarse como enredadera. Esto es devoción: dos personas saludables, emocionalmente fuertes, que escogen permanecer juntas pase lo que pase. Jesús llevó la palabra de Génesis un paso más allá. (Él es Dios. ¡Puede hacerlo!) Dijo: "Por tanto, lo que Dios juntó, no lo separe el hombre" (Marcos 10:9).

¿Qué tal si usted ya está más allá de un primer matrimonio? A lo mejor está pensando: *Chuck: usted está hablando de algún otro. Yo ya he pasado más allá de un matrimonio (tal vez varios), y no funcionó. ¡Estas palabras son demasiado tarde para mí!* A usted les digo: "Deténgase. Espere. Estamos hablando ahora y a dónde usted va desde aquí; y no del pasado. El pasado es un tema diferente. Aplique esto al matrimonio que tiene ahora. Determine que este matrimonio es permanente. Dios los ha unido; no permita que nada ni nadie los separe."

Cynthia y yo venimos de hogares en los que nuestros padres se aferraron uno al otro y permanecieron juntos. Sus matrimonios no fueron perfectos; a decir verdad, también experimentaron dificultades. ¡Todos los matrimonios las atraviesan! Pero ambas parejas de padres permanecieron consagrados a sus votos, y será mejor que nosotros permanezcamos comprometidos a los nuestros debido a ellos.

Su compromiso a la permanencia de su matrimonio será un legado que usted les deja a sus hijos, que cosecharán beneficios que usted no puede posiblemente ver de antemano.

Unidad

... y serán una sola carne (Génesis 2:24).

El tercer elemento es unidad; no uniformidad, sino unidad. Eva no fue creada para que sea un Adán femenino. Ella no fue un clon. Tampoco se suponía que debía tener menos identidad que Adán. De hecho, Moisés escogió entre dos palabras hebreas para "uno." El término que escogió es *ejad*, que, de acuerdo a un léxico muy respetado, "recalca la unidad mientras que reconoce la diversidad dentro de esa unidad."[7] Un buen ejemplo de eso es Éxodo 26:6:

Haz también cincuenta ganchos de oro para enganchar un grupo de cortinas al otro, de modo que el santuario forme un todo (VP).

Literalmente dice: "así el tabernáculo será uno." La palabra que Moisés usó para "una sola carne" es una unidad compleja. No es la fusión de dos personalidades para formar una, sino dos individuos viviendo y trabajando en concierto con valores comunes y metas compartidas. La unidad es diversidad funcionando en armonía.

Aprecio de manera especial una ilustración del libro *Love Is a Choice* [El amor es una decisión]. Muestra a una pareja de patinadores deslizándose sobre el hielo. El hombre y la mujer entrelazan sus brazos y piernas, giran y dan vueltas en perfecta sincronización con la música. Sus movimientos son individuales, diferentes, sin embargo cuidadosamente coreografiados de manera que uno piensa que son uno. Luego, repentinamente, se separan y se mueven en direcciones opuestas, girando en perfecto unísono, y luego vuelven a unirse.[8] Este es un cuadro hermoso de dos personas viviendo como "una sola carne."

A menudo hallo que cuando la unidad de "una carne" se aplica equivocadamente, uno de los cónyuges controla al otro. El cónyuge controlador no le da al otro la libertad necesaria. No le da campo para que el otro cultive sus dones, desarrolle sus talentos, o disfrute de los puntos fuertes naturales que Dios provee. No hay campo para el desacuerdo sin conflicto. No hay tolerancia para nada que no beneficie o incluya a la pareja.

Por poco yo arruino mi matrimonio como resultado de mi conducta durante nuestros primeros diez años juntos. Yo esperaba que Cynthia sea una versión femenina de Chuck. ¿Puede usted pensar en algo más desdichado que tener a alguien que trata de moldearlo a uno en una copia de sí mismo o misma? Yo quería que ella tenga mis opiniones. Quería que ella tenga mis intereses. Quería que ella piense las mismas cosas que yo, que desarrolle los mismos gustos que yo, y que resuelva los problemas tal como yo lo hacía. ¿Por qué? ¡Porque así es como se debía hacerlo!

Nunca olvidaré una noche oscura en particular en Nueva Inglaterra. Estábamos tratando de lograr que un ministerio funcione, y yo me hallaba sin saber qué hacer cuando Cynthia dijo, con lágrimas en los ojos: —Sabes, cariño; quisiera que dejes de decir en público que somos socios. Eso te hace sentir bien a ti, y se oye bien, pero no es verdad.

—Sí, lo es, —dije yo.

—No, no lo es, —respondió ella.

—Sí; lo es.

—¡NO; NO LO ES!

Con eso, ella se fue, subió las gradas, y cerró tras sí la puerta de nuestro dormitorio. Yo me quedé sentado a la mesa de la cocina, e hice una revisión dolorosa de los hábitos que yo había formado y las demandas controladoras y casi neuróticas que había impuesto sobre ella. Pensé en algunos aspectos en los que yo la había puesto bajo esclavitud respecto a cada punto y cada tilde que yo esperaba, y cómo mi actitud hacia ella se había vuelto criticona y rigurosa.

Después de que había pasado algún tiempo, y me di cuenta de cómo yo lo había echado todo a perder, subí y la hallé llorando. Me senté en la cama junto a ella, y le dije: —Tienes razón; y eso tiene que cambiar.

Eso condujo a casi cuatro años del trabajo más duro que jamás hemos hecho como pareja. Yo tuve que hacerle frente a mi terquedad y renuencia a ceder. Tuve que abrir mis ojos a cosas que no quería admitir en cuanto a mí mismo. Pero la recompensa fue increíble. Yo todavía dirigía el hogar, pero con mucha más libertad, dándole a Cynthia abundante espacio para que ella sea ella misma. Poco a poco, ella empezó a sentir mi amor y respeto que crecía. Ella sintió que yo creía en ella, y que estaba de su lado. En el proceso, descubrí dentro de Cynthia a una mujer que nunca antes había conocido. La mujer que emergió inspiraba en mí un respeto que no había habido antes. Empecé a buscar nuevas maneras para afirmarla y darle honor.

Pasados unos pocos años empezamos un pequeño ministerio de radio llamado Insight for Living. Rápidamente me di cuenta de que para que este ministerio sobreviva y florezca, Cynthia tendría que dirigirlo. Yo no tenía ni el tiempo, ni la inclinación, ni las habilidades necesarias para hacerlo prosperar. Así que ella con toda gracia añadió eso a sus otros deberes como esposa de pastor (uno de los trabajos más difíciles de la tierra) y madre de nuestros cuatro hijos (¡incluso más duro!).

Conforme el ministerio crecía, se hizo cada vez más obvio que fue la decisión apropiada. A menudo yo asistía a las reuniones en las que ella contaba la historia de IFL. Distintivamente recuerdo una vez, hace años, cuando la oí decir: "De paso, lo mejor de todo esto es que mi esposo es mi socio." Pensé: *Qué gran palabra: socio. Es tan bueno.* Quince años antes eso no era así, pero cuánto habíamos avanzado. Para entonces, yo sabía que éramos individuos trabajando en armonía. Éramos "una carne." Disfrutábamos de unidad; de un verdadero hermanamiento.

Intimidad

Y estaban ambos desnudos, Adán y su mujer, y no se avergonzaban (Génesis 2:25).

41

El hombre y la mujer dejan sus respectivas familias (separación), se comprometen el uno al otro (permanencia), llegan a ser uno en términos de propósito, dirección y respaldo mutuo (unidad), y disfrutan de un conocimiento exclusivo, privilegiado, de uno y otro (intimidad). Cada elemento prepara al matrimonio para el siguiente. En última instancia, la intimidad es lo que toda pareja anhela. Es el gran premio, la recompensa, por todo el esfuerzo que invertimos en nuestro matrimonio.

El hombre y la mujer estaban desnudos, y no se avergonzaran. Ni uno ni otro pensó en tapar nada porque no tenían cohibiciones, ni vergüenza, ni el temor de hacer el ridículo, ni recelos, ni bochorno, ni lesiones emocionales de ultraje anterior o decisiones malas. ¡Piénselo! Nada enfermo, ni malformado, ni lesionado o disfuncional. Cada uno se enfocaba enteramente en el deleite y placer del otro. Disfrutaban de una intimidad que fluía libremente en muchos aspectos de su relación, en la cual no tenían las inhibiciones de los intereses propios. La unión sexual debe haber sido más placentera y satisfactoria que cualquier cosa que podamos imaginar.

El finado J. Grant Howard lo dice bien en su libro *The Trauma of Transparency* [El trauma de la transparencia]:

En Génesis 2:25 se describe a ambos cónyuges como desnudos, y sin embargo sin ningún sentido de vergüenza. Esto no quiere decir que no tenían deseos sexuales. Simplemente significa que no habían aprendido que el deseo sexual se puede dirigir hacia fines de pecado. Miraban a los órganos sexuales de la misma manera que nosotros conside-

ramos las manos o la cara. Se sentían cómodos el uno con el
otro. No había barreras entre ellos. Estaban listos, dispuestos, capaces y necesitando comunicarse uno con el otro. ...
Aquí, por el momento, estaba la delicadamente balanceada
combinación de verdad y transparencia que el mundo ahora
lucha por comprender y lograr.[9]

Desdichadamente, muchos confunden intimidad con sexo.
Yo siempre advierto a los solteros que tengan cuidado con los
efectos poderosos del toque. Una relación sexual no es intimidad.
Fue diseñada por Dios para que sea el producto de la intimidad.
Una relación sexual demasiado fácilmente imita la intimidad
genuina, y si uno la pone primero, pronto descubre que es
todo lo que hay entre los dos. La intimidad incluye compartir
en múltiples niveles. La intimidad es conversación compartida,
silencio compartido, historia compartida, pruebas y corazones
rotos compartidos, tristeza y aflicción compartidas, alegría compartida, y dedicación compartida. Todas estas cosas se comparten
completamente y a gran riesgo. Este nivel de intimidad requiere
inmensa confianza y enorme vulnerabilidad.

Cuando las parejas pueden disfrutar completa intimidad,
cada cónyuge puede cumplir su responsabilidad primaria en
el matrimonio; y las responsabilidades son diferentes para el
hombre y la mujer. Basado en horas de estudio de la palabra de
Dios, lo que sigue es lo que yo considero que son las obligaciones
primarias de cada cónyuge:

La responsabilidad primaria de la esposa es conocerse a sí misma tan bien y respetarse a sí misma tanto que se entrega a sí misma a su esposo sin ninguna vacilación.

La responsabilidad primaria del esposo es amar a su Señor tan profundamente, y aceptarse a sí mismo tan completamente que se entrega a sí mismo a su esposa sin condiciones.

No voy a tomar tiempo para explicar estos principios aquí, puesto que he dedicado un capítulo entero a esto en mi libro *El despertar de la gracia*. Los presento aquí a fin de hacerle algunas preguntas importantes y directas. ¿Cuán fuera del blanco se halla usted? ¿Cuán difícil le es cumplir su responsabilidad primaria en el matrimonio? Si usted es una persona normal, tendrá que admitir que es muy difícil, por lo menos parte del tiempo. ¿Por qué? Génesis 3. El pecado lo arruina *todo*.

INTIMIDAD PERDIDA

Antes de que tengamos tiempo para que se desvanezca el romance del capítulo 2, el tentador abruptamente aparece en Génesis 3. Lea lo siguiente sin ninguna interrupción:

Y estaban ambos desnudos, Adán y su mujer, y no se avergonzaban. Pero la serpiente ... (Génesis 2:25—3:1).

44

El tentador entra en escena con su voz seductora y tranquilizante, echa mano de la curiosidad de la esposa y después de la del esposo, y así ellos comen del fruto prohibido. La secuencia tiene lugar rápidamente. Moisés relata esta parte del episodio usando cuatro verbos en rápida sucesión: ella tomó, ella comió, ella dio, él comió. Y una vez que se cometió el primer pecado, *todo* se estrelló. El cambio casi hace que la cabeza dé vueltas.

> Entonces fueron abiertos los ojos de ambos, y conocieron
> que estaban desnudos; entonces cosieron hojas de higuera,
> y se hicieron delantales (Génesis 3:7).

Adán y Eva no estaban ciegos antes de comer, pero después, lo vieron todo desde una perspectiva completamente diferente. ¿Recuerdan? ¡Todo cambió! Note lo primero que notaron: "y conocieron que estaban desnudos." En Génesis 2 su perspectiva estaban tan dirigida hacia afuera del yo que el pensamiento de desnudez nunca les había cruzado por su mente consciente. Pero después de pecar, algo profundamente enfermizo ocurrió en cada uno de ellos. La inocencia e intimidad de Génesis 2 había desaparecido.

Noto por lo menos tres cambios en el carácter que afligieron al primer matrimonio; y estos retos amenazan al suyo y al mío hoy.

Cohibición

Primero, se volvieron *cohibidos y absorbidos en sí mismos.* En lugar de disfrutar de la vulnerabilidad sin inhibiciones y desnuda de su cónyuge, se volvieron vergonzosamente conscientes de su propia desnudez. Adán dejó de atender las necesidades de Eva y se enfocó en las de sí mismo. Eva hizo lo mismo.

Aislamiento

Segundo, *se alejaron uno de otro*. Antes de que el pecado tergiversara su carácter, disfrutaban de armonía, unidad e intimidad. Pero después de su desobediencia, sus mentes se entenebrecieron, y sus voluntades se volvieron hacia la preservación propia. Su desnudez en esta narración no es meramente física; es también simbólica. Los delantales que se prepararon no fueron para cubrir su desnudez de uno al otro, sino de Dios. Pero el efecto fue el mismo. En su vergüenza, refrenaron sus emociones y limitaron su confianza.

Temor

> Y oyeron la voz de Jehová Dios que se paseaba en el huerto, al aire del día; y el hombre y su mujer se escondieron de la presencia de Jehová Dios entre los árboles del huerto (Génesis 3:8).

Tercero, *huyeron de Dios*. Después de pecar, Adán y Eva sintieron emociones diferentes y experimentaron el mundo con una percepción alterada. Antes, veían todo como Dios lo veía: bueno. Pero así como el pecado les hizo alejarse el uno del otro, el pecado también los puso en contraposición con su Dios.

46

Desdichadamente, el versículo 8 usa imágenes verbales hebreas que son muy difíciles de traducir al español. La mayoría de las traducciones dan la impresión de que Dios vino paseando al descuido por el huerto con las manos en los bolsillos, silbando una tonada, esperando encontrarse por casualidad con Adán y Eva, ignorando por completo el pecado de ellos hasta que no pudo encontrarlos. Parte del problema viene de una traducción limitada del texto original. La palabra que se tradujo "al aire" viene de *ruaj*, que es el término hebreo que por lo general se traduce "viento." Pero "viento del día" no suena bien.

Investigación más reciente sugiere que la palabra raíz que comúnmente se da por sentado que quiere decir "día," bien pudiera ser en realidad el término para "tormenta."[10] Si esto es correcto, el versículo diría: "Y oyeron el sonido de Jehová Dios que se paseaba en el huerto en el viento de una tormenta; y el hombre y su mujer se escondieron de la presencia de Jehová Dios entre los árboles del huerto."

LO QUE NO SE DEBE HACER
ANTE EL DELITO COMETIDO

No sólo que Adán y Eva perdieron la intimidad entre ellos, sino que también perdieron su intimidad con su Creador. La venida del Señor para encontrarse con Adán y Eva fue muchas cosas pero no al azar. Él vino en su ira para confrontar a los primeros seres humanos con su desobediencia, de modo que ellos huyeron por temor de Él.

En tanto que tenían razón para temer a Dios, habiéndose puesto en contraposición de Él, fueron necios al pensar que podían esconderse de Él. Él lo ve todo y lo sabe todo. Sin embargo, note que el Señor les hace preguntas a Adán y Eva:

> Mas Jehová Dios llamó al hombre, y le dijo: ¿Dónde estás tú? Y él respondió: Oí tu voz en el huerto, y tuve miedo, porque estaba desnudo; y me escondí. Y Dios le dijo: ¿Quién te enseñó que estabas desnudo? ¿Has comido del árbol de que yo te mandé no comieses? Y el hombre respondió: La mujer que me diste por compañera me dio del árbol, y yo comí. Entonces Jehová Dios dijo a la mujer: ¿Qué es lo que has hecho? Y dijo la mujer: La serpiente me engañó, y comí (Génesis 3:9-13).

Dios lo sabe todo. Él no hizo estas preguntas debido a que no sabía lo que había sucedido. Su conversación con la pareja original fue un acto de gracia. Dios no estaba obligado a confrontarlos. Él podría haber dictado juicio sin una palabra, pero escogió confrontar el pecado de ellos abiertamente. Con cada pregunta el Señor le dio a Adán, y luego a Eva, una oportunidad de decir limpiamente toda la verdad, arrepentirse y pedir perdón. Pero en cada pregunta el hombre y la mujer no respondieron cómo debían. En cuestión de minutos, son completamente diferentes. El pecado cobró de inmediato su precio.

Podemos aprender una lección importante de Adán y Eva en este punto. Nunca podremos recuperar la inocencia y la intimidad de Génesis 2. Sin embargo, no todo se ha perdido.

Podemos disfrutar de intimidad, pero sólo en tanto y en cuanto respondamos constructivamente al delito cometido.

En el encuentro entre Dios y la primera pareja veo dos respuestas al pecado que destruyen la intimidad. Es importante estudiar esto para descubrir cómo podemos disfrutar de intimidad después de la caída de Génesis 3.

Engaño

La primera respuesta destructiva al delito es el engaño: una hoja de higuera espiritual o moral. Digamos las cosas tal como son: cuando se nos da la oportunidad de evadir la culpa, preferiremos mentir antes que admitir la verdad. Inclusive destrozamos la verdad y tomamos sólo lo que nos vemos obligados a tomar a fin de minimizar la exposición.

—Adán: ¿por qué te escondiste de mí?

—Tuve miedo porque estaba desnudo. —(Media verdad, y la primera oportunidad soslayada).

—¿Quién te dijo que estabas desnudo?

Siempre sonrío cuando leo esta pregunta. Yo pensaría que el viento frío que soplaba sobre su piel pudiera ser un indicio, pero, como de costumbre, hay algo más detrás de la pregunta de Dios. La pregunta realmente es: "¿Desde cuándo esto se convirtió en una cuestión? ¿Por cuánto tiempo has estado desnudo ya? ¿Qué cambió?" Entonces Él empujó a Adán un poco más cerca a la verdad: "¿Has comido del árbol del cual te ordené que no comas?" Esto lleva a otra respuesta de pecado que destruye la intimidad.

Desvío de culpa

La segunda cosa que mata la intimidad es desviar la culpa.

Y el hombre respondió: La mujer que me diste por compañera me dio del árbol, y yo comí (Génesis 3:12).

Esto debe haber destrozado el corazón de Eva. El hombre que la llamó "hueso de mis huesos, y carne de mi carne" la traicionó para salvar su propio pellejo. Puedo imaginarme que ella nunca volvió a verlo de la misma manera. Entonces, para salvar su propio pellejo, Eva también desvió la responsabilidad.

Entonces Jehová Dios dijo a la mujer: ¿Qué es lo que has hecho? Y dijo la mujer: La serpiente me engañó, y comí (Génesis 3:13).

COMO RECUPERAR LA INTIMIDAD

Claramente, vivimos en un mundo torcido por el pecado. Todo quedó afectado por la decisión de Adán y Eva de desobedecer a Dios, inclusive el matrimonio. A fin de recuperar la institución del matrimonio para nuestra sociedad e intimidad para nosotros mismos, debemos lidiar constructivamente con la realidad; confesar la verdad de cualquier situación y aceptar la responsabilidad. Suceda lo que suceda, por mal que quedemos, o por terribles que sean las consecuencias, debemos rehusar mentir o desviar la culpa.

Una vez que el pecado fue cometido, imagínese la diferencia en la relación entre Adán y Eva si la conversación hubiera sucedido más bien como sigue:

Entonces Jehová Dios llamó al hombre y le dijo: —¿Dónde estás tú?

Y Adán dijo: —Aquí estoy, Señor. He estado esperándote. Tengo algo que confesar.

—Por favor, hazlo.

Adán empezó a llorar. —La verdad es, Señor, que he pecado. Claramente recuerdo que me dijiste que no debía comer del árbol del conocimiento del bien y del mal, pero de todas maneras comí. No tengo excusa. Por favor, perdóname.

Entonces Dios preguntó: —La mujer que te di para que sea su ayuda, ¿comió ella también?

Adán dio un paso al frente. —Lo hizo. Ella y yo te hemos desobedecido. Por favor, ten misericordia de nosotros; por amor a ella especialmente.

Basta de soñar. Lo que en realidad sucedió fue una tragedia en desfile.

CÓMO EXAMINAR EN BUSCA DE LA VERDAD

¿Cómo marcha la intimidad en su matrimonio? ¿Quiere usted llevar a su familia de regreso al blanco o mantenerla dirigiéndose al blanco? Deje de clavar la mirada en su cónyuge. Deje de esperar que un asesor "enderece" a su cónyuge. Deje de echarle la culpa a sus hijos, o a su trabajo, o a sus circunstancias. Mírese a sí mismo. Acepte la responsabilidad completa de las cosas en que usted lo ha echado todo a perder. Aprópiese, confiéselo, arrepiéntase del asunto, y determine hacer el arduo trabajo de corregirlo.

Empiece ahora.

Reconocer el plan original del Señor para el matrimonio y reconocer cómo hemos errado el blanco son pasos primeros esenciales para recuperar la intimidad con nuestros cónyuges. Al asumir la responsabilidad por nuestras trastadas en el pasado y empezar a dar pasos para volver al blanco, les damos esperanza. Es más, esta es la misma esperanza que le ofrecemos a nuestra sociedad como un remanente fiel.

Nunca es demasiado tarde para empezar a hacer lo que es debido.

Tres

Las cuatro "C" del matrimonio

❧

⟁engo más de setenta años, he estado casado más de cincuenta años, y he estado en el ministerio por más de cuarenta años; así que cuando hablo a una audiencia del siglo veintiuno hallo difícil parecerme a algo diferente que a un predicador de siglo diecinueve. Descubrí que hay una palabra para individuos como yo, un predicador que todavía cree en la Biblia, que piensa que necesitamos ajustar nuestras vidas a los principios de las Escrituras antes que tergiversar el texto para justificar nuestras decisiones. Alguien me dijo que cuando yo no estoy cerca, unos cuantos me llaman un "dinosaurio." Así que, como sucede a menudo, mi curiosidad me llevó al diccionario.

> dinosaurio *sustantivo* 3: uno que es impracticablemente grande, anticuado, u obsoleto.[1]

Confieso que quedé un poco desalentado, pero hallé más fácil digerir eso que la etimología griega de la palabra: *deinos y sauros*: "lagarto aterrador." Después de mencionarle esto a un grupo, un hombre me ofreció algo de consuelo. "Yo no me sentiría tan mal si fuera usted. ¡Uno de mis nietos me llama neandertal!" Tuve miedo de buscar eso en el diccionario.

Aparte de ser "impracticablemente grande," siento cierto orgullo al ser un dinosaurio, especialmente si eso quiere decir que sigo siendo fiel a la palabra de Dios: creyendo en ella, estudiándola, preparando con diligencia y predicando con pasión mensajes que reflejan sus principios eternos. Conforme una generación posmoderna busca a tientas la verdad mientras que a la vez niega que exista, es reconfortante aferrarse a lo que yo sé que es confiable.

Desdichadamente, algunos tienden a considerar erróneamente que esta confianza es arrogancia. Tales son nuestros tiempos. G. K. Chesterton vio las primeras señales de esto hace muchos años cuando escribió:

> Pero de lo que sufrimos hoy es de humildad en el lugar errado. La modestia se ha salido del órgano de la ambición. La modestia se ha afincado en el órgano de la convicción; en donde nunca tuvo el propósito de estar. Se suponía que el hombre debía ser dudoso en cuanto a sí mismo, pero sin ninguna duda en cuanto a la verdad; esto se ha exactamente invertido. ... Estamos en el camino de reproducir una raza de hombres demasiado modestos mentalmente como para creer en la tabla de multiplicación.[2]

Necesitamos tener certeza absoluta en cuanto a lo que creemos, especialmente para que nuestros matrimonios resistan la prueba del tiempo. No aduzco ser el autor o solo poseedor de la verdad. Pero puedo decir con certeza que abrazo la verdad sin pedir disculpas ni vacilar. Con muchos siglos de antigüedad, y disponible casi en cualquier librería, la Biblia está repleta de nombres nada usuales y relatos demasiado estrafalarios para ser ficción, preservando ideas que son tan profundas como antiguas. En las páginas de la Biblia hallamos principios para vivir: únicos en su presentación, llanamente envueltos en elegante sencillez, y sin embargo hondamente misteriosos y profundos.

Estos principios son confiables. Podemos confiar en que nos preservarán a nosotros y nuestras relaciones personales por faltos de sofisticación que parezcan ser a la mente intelectual. El texto de la Biblia fue escrito originalmente en hebreo, arameo y griego, redactado y compilado en cientos de años por una variedad de individuos, todos ellos humanos y por consiguiente pecadores; y sin embargo Dios milagrosamente ha preservado la exactitud y relevancia de su verdad. Consecuentemente, ella tiene la autoridad para instruir a cualquier sociedad, en cualquier era, en cualquier región.

La palabra de Dios ayudará a personas de cualquier edad, cualquier condición social, y en cualquier etapa de la vida o circunstancia: hombres o mujeres, casados, solteros, viudos, divorciados, divorciados varias veces, ultrajados, destrozados, aterrorizados, que sufren, que luchan, que batallan por sobrevivir, prósperos, felices, sanos, alegres, culpables, afligidos o muriéndose. En más de cincuenta años de estudio, nunca he hallado un principio irrelevante en las páginas de la Biblia. Cada vez que he hallado alguno que me ha fallado, ha sido porque yo no lo he entendido, apreciado y aplicado. Al final, descubrí que yo le fallé al principio y no al revés. Las consecuencias por lo general fueron graves.

En el capítulo previo hablamos de cuatro elementos esenciales que se hallan en Génesis 2:24-25 que definen el matrimonio bíblico: separación, permanencia, unidad e intimidad. Ninguno de ellos es automático. Todos requieren atención deliberada y esfuerzo personal. Este capítulo enfocará la permanencia y el principio que la asegura. Es sencillo, directo, altamente eficaz y, como yo, en cierto sentido dinosaurio. El principio se puede resumir en una sola palabra: *compromiso*.

Compromiso:
La clave para un matrimonio permanente

No hay nada de extraño en la palabra compromiso; una palabra sencilla que describe un concepto sencillo. Ahora bien, como realista, reconozco que sencillo no quiere decir fácil. Tampoco soy tan ingenuo y rígido en mi teología como para ignorar el hecho de que vivimos en un mundo tergiversado por el mal como resultado de Génesis 3, y que ciertas circunstancias exigen separación e incluso permiten el divorcio. Pero no es allí donde empezamos. Un autor notó que el divorcio, como el embalsamamiento, no es algo que uno quiere aplicar prematuramente. Trato de las bases bíblicas para el divorcio (que Dios detesta, sea como sea) en *Cuando se atraviesa los tiempos difíciles*, así que no voy a detenerme en eso aquí. Aquí quiero enfocar las razones para *quedarse* antes que las razones para *escapar*.

El compromiso, dedicación u obligación, es el mandato bíblico para el matrimonio. Como todos los mandatos bíblicos, requiere fe para ver más allá de lo inmediato y ofrece recompensas no vistas cuando se lo obedece. Créale a un hombre que ha estado casado por más de cincuenta años: esa unión en una carne no se mantiene por sí misma, pero vale la pena el esfuerzo. Se *aprende* a llegar a ser una unidad. Uno persevera en ella atravesando todas las luchas de pecado y hábitos fastidiosos, avanzando a duras penas por esos tiempos difíciles cuando lo que uno más quisiera sería botar la toalla y desaparecer. Entonces, después de que se ha atravesado juntos un número de crisis, uno se da cuenta en los momentos desprevenidos de que se alegra de haber perseverado. Se alegra de haber logrado hacerlo que funcione; y especialmente se alegra de que su cónyuge no se fue dejándolo.

Al examinar el compromiso o dedicación, la clave para la permanencia, tres parejas de la Biblia vienen a la mente. Cada una enfrentó un reto particular y tiene algo para enseñarnos por su ejemplo.

EL RETO DE LAS CONSECUENCIAS
(ADÁN Y EVA)

El matrimonio de Adán y Eva que se relata en Génesis 2, como la mayoría de las bodas, tuvo lugar bajo circunstancias ideales. Pero a diferencia de todos los demás matrimonios, a ellos los casó Dios en un medio ambiente prístino, en un mundo sin pecado. "Y estaban ambos desnudos, Adán y su mujer, y no se avergonzaban" (Génesis 2:25). Nada inhibía su intimidad. No había ningún indicio de egoísmo que manchara su atención del uno para el otro. Ningún arranque de cólera los llevó a una pelea verbal. Entonces el pecado cambió todo eso. Después de que ellos desobedecieron, Dios detalló las consecuencias de su trágica decisión:

A la mujer dijo: Multiplicaré en gran manera los dolores en tus preñeces; con dolor darás a luz los hijos; y tu deseo será para tu marido, y él se enseñoreará de ti. Y al hombre dijo: Por cuanto obedeciste a la voz de tu mujer, y comiste del árbol de que te mandé diciendo: No comerás de él; maldita será la tierra por tu causa; con dolor comerás de ella todos los días de tu vida. Espinos y cardos te producirá, y comerás plantas del campo. Con el sudor de tu rostro comerás el pan hasta que vuelvas a la tierra, porque de ella fuiste tomado; pues polvo eres, y al polvo volverás.

Y lo sacó Jehová del huerto del Edén, para que labrase la tierra de que fue tomado (Génesis 3:16-19, 23).

A esto los teólogos llaman "la caída." Afectó la naturaleza de la humanidad, sus relaciones personales, e incluso el mundo que les rodeaba. Nada se destruyó, pero todo quedó dañado. Debido al pecado, hay algo malo en todo. Pero note lo que no cambió. El hombre y la mujer continuaron llevando la imagen de Dios, aunque esa imagen quedó distorsionada. Debían continuar cuidando de la tierra, pero ella resistiría sus esfuerzos. La relación de la humanidad con la tierra sería obstaculizada por las dificultades: espinas y cardos, y el suelo sólo rendiría su fruto mediante sudor y esfuerzo. Lo mismo sería verdad en cuanto a sus relaciones personales. Ellos siguieron siendo esposo y esposa, y debían seguir multiplicándose y llenando la tierra. Sin embargo, lo que había sido una intimidad fácil y natural, se complicó por el temor y una actitud defensiva, egoísmo y retraimiento. Los horrorosos efectos del pecado continuarían acosándolos.

Dios los expulsó del huerto del Edén, y ellos nunca más volvieron a ver el lugar idílico donde se casaron y donde vivieron los primeros días maravillosos de su matrimonio. Enterrarían a un hijo, víctima de asesinato a manos de su hermano mayor. Verían a su hijo mayor excluido de todo contacto social, bajo maldición para vivir como vagabundo debido a su crimen. Y, si mis cálculos son correctos, Adán vivió lo suficiente como para ver el nacimiento de Noé, lo que quiere decir que la primera pareja vio la continua declinación moral de los habitantes del mundo (sus propios descendientes) al punto en que Dios se lamentó haber creado a los seres humanos.

Si alguien pudiera citar dificultades como razón para terminar su matrimonio, Adán y Eva serían los indicados. Sin embargo, en todo esto, ellos siguieron juntos. Aprendemos del matrimonio de Adán y Eva que las duras consecuencias del mal—la imagen de Dios corrompida por el pecado en los seres humanos y el mundo retorcido por el pecado—no hacen imposible el matrimonio. Difícil sí, pero no imposible.

Tal vez usted venga de un hogar tan increíblemente horroroso que pocos pudieran captar el daño que se le ha hecho. Tal vez usted lleva cicatrices profundas de abuso, ultraje y maltrato: emocional, físico, y tal vez incluso sexual. Tal vez usted venga de una familia en la que nunca conoció la seguridad y el calor de padres que se amaban uno al otro y lo amaban a usted. Tal vez usted no haya visto un matrimonio saludable modelado ante sus ojos, lo que significa que ni siquiera sabe cómo empezar a cultivar uno así. Tal vez su vida romántica se caracterizó por una larga hilera de relaciones personales rotas, con novios o novias mal escogidos y sabotaje a la primera señal de intimidad genuina.

Si usted está casado y esto describe su situación, aunque sea en algo, anímese. Hay sanidad disponible. No será fácil, pero nunca la encontrará huyendo. Si usted está casado, y si su seguridad no está en peligro, escoja permanecer comprometido a su cónyuge como un importante primer paso.

EL RETO DEL CONFLICTO
(OSEAS Y GOMER)

No puedo pensar de un reto más grande al matrimonio que la infidelidad. Tan serio es el daño que el Señor la considera una ruptura del vínculo marital y permite el divorcio (ver Mateo 19:8-9). Sin embargo, esto no quiere decir que el divorcio sea imperativo o incluso inevitable. Considere el matrimonio del profeta Oseas.

Muchos siglos después de Adán y Eva, mucho después de Moisés, los jueces, y el rey David, Israel había estado viviendo en Canaán. Pero el pecado y la idolatría habían hundido a la nación en una guerra civil, haciendo división entre el norte y el sur, y el reino del norte adoraba a otros dioses. Para convencer al pueblo hebreo de su infidelidad espiritual, Dios escogió utilizar la vida de su profeta Oseas; no sólo sus palabras y escritos, sino también su *matrimonio*.

El principio de la palabra de Jehová por medio de Oseas. Dijo Jehová a Oseas: Ve, tómate una mujer fornicaria, e hijos de fornicación; porque la tierra fornica apartándose de Jehová (Oseas 1:2).

¡Qué mandamiento más asombroso! Esta es una costosa lección objetiva para Oseas e introduce uno de los libros de la Biblia más difíciles de interpretar y leer. Para martillar su punto el Señor se pone a sí mismo en el papel de un cónyuge desdeñado y camina con su siervo Oseas por la horrorosa experiencia de la infidelidad marital. El Señor conoce de primera mano el aguijonazo de la traición y en una escala que casi ni podemos comprender.

Fue, pues, y tomó a Gomer hija de Diblaim, la cual concibió y le dio a luz un hijo (Oseas 1:3).

Los estudiosos no pueden decir con certeza si Gomer ya era una prostituta antes de casarse, o si llegó a serlo años más tarde. La frase "mujer fornicaria" parece describir lo que ella llegaría a ser, puesto que no estaba casada cuando Oseas la escogió, y los "hijos de fornicación" todavía no habían nacido. Así que pudiéramos decir que él escogió una linda joven judía para casarse.

Concibió ella otra vez, y dio a luz una hija. Y le dijo Dios: Ponle por nombre Lo-ruhama, porque no me compadeceré más de la casa de Israel, sino que los quitaré del todo (Oseas 1:6).

El nombre de la hija literalmente quiere decir "no compasión." Los nombres de los hijos son simbólicos, y eso era muy común en ese tiempo. El nombre de cada hijo describe la actitud de Dios hacia Israel. El nombre del hijo, Jezreel, señala la conducta violenta de la nación. En nombre de la hija advierte que la paciencia del Señor hacia la descarriada Israel se estaba acabando. Entonces Gomer tiene otro hijo.

Después de haber destetado a Lo-ruhama, concibió y dio a luz un hijo. Y dijo Dios: Ponle por nombre Lo-ammi, porque vosotros no sois mi pueblo, ni yo seré vuestro Dios (Oseas 1:8-9).

Lo-ammi quiere decir "No pueblo mío." A estas alturas al parecer Gomer ya había dejado a Oseas para llevar una vida de prostitución. En un sentido muy real, ella ya no era esposa de él. El capítulo 2 describe a Israel en los mismos términos, que reflejaban la conducta de Gomer. Ella se entregaba a múltiples hombres, viviendo del dinero que cobraba por tener relaciones sexuales. Mientras tanto, Oseas quedó como padre solo con las responsabilidades de criar solo a sus hijos. Él era un profeta de Dios que tenía que continuar con el ministerio a pesar del bochorno ante otros y la profunda herida que sentía. Tengo un predicador amigo que llama a esta historia "Un escándalo en la casa pastoral." En verdad lo era.

A estas alturas, se puede decir prácticamente que el matrimonio se había acabado. Dicho sin ambages, Gomer se había convertido en una prostituta de la calle, dándole a Oseas más que suficiente causa moral para divorciarse de ella. La Biblia no nos dice si él hizo esto o no. Con todo, las acciones de ella indican claramente que ella ya no estaba viviendo con él como su esposa.

Entonces algo asombroso tiene lugar en el capítulo 3. No tenemos manera de saber cuánto tiempo había pasado desde que Gomer dejó su casa. Ella puede haber vivido como prostituta por muchos años, teniendo un festín largo y sensual hasta que ya nadie quería tener relaciones sexuales con ella. Envejecida, agotada, y patética, ella puede haberse vendido a sí misma como esclava para sobrevivir; práctica común para los destituidos. Fue entonces que el Señor le instruyó a Oseas que haga lo inconcebible.

> Me dijo otra vez Jehová: Ve, ama a una mujer amada de su compañero, aunque adúltera, como el amor de Jehová para con los hijos de Israel, los cuales miran a dioses ajenos, y aman tortas de pasas. La compré entonces para mí por quince siclos de plata y un homer y medio de cebada (Oseas 3:1-2).

Esto era el precio normal de un esclavo.

> Y le dije: Tú serás mía durante muchos días; no fornicarás, ni tomarás otro varón; lo mismo haré yo contigo (Oseas 3:3).

Yo hallo estas palabras completamente impresionantes.

No quiero perder de vista aquí la cuestión más grande. Esto es, primeramente, un cuadro de la relación del Señor con Israel. Oseas 9:9 dice: "[La nación llegó] hasta lo más bajo en su corrupción." A escala nacional ellos habían abandonado al Señor para prostituirse con dioses falsos. Tal como Oseas, el Señor, en su gracia, los compró de nuevo a gran costo para sí mismo y los restauró a su lugar anterior de honor como su pueblo. (Esto es claramente un predicción en sombra de lo que Cristo haría por usted y por mí).

Lo que Oseas hizo por su esposa infiel e inmerecedora es un ejemplo primario de gracia nada común. Dios lo dirigió a que haga esto porque Oseas tenía un deber muy singular como portavoz del Señor ante Israel. Así que su caso es especial. Sin embargo, esto en efecto representa el deseo más alto y más grande de Dios en tales casos. Es importante que todos nosotros tengamos esto presente; los que han sufrido la traición de la infidelidad marital y los que no la han sufrido.

Quiero escribir las líneas que siguen de manera muy sensible. Por favor, lea lo que sigue lenta y cuidadosamente. Si usted es víctima de infidelidad marital, lo que probablemente es el reto más grande a un matrimonio, no es *exigencia* que siga casado o casada. Dios en efecto permite el divorcio en este caso. Sin embargo, si su cónyuge genuinamente se ha arrepentido y está dispuesto a realizar el difícil trabajo de reconstruir la confianza, permítame animarle a que considere aplicar gracia nada común. Oseas lo hizo, y usted también puede hacerlo. En tanto que le asiste el derecho de irse, tal vez usted esté abandonando la felicidad mayor y sanidad que surge al extender la gracia en lugar de alejarse y reclamar su derecho. Es una senda más difícil, lo admito. Es más arriesgada. Exige inmensa fe y enorme perdón. Pero las recompensas no visibles pueden ser más grandes de lo que usted puede imaginarse. El divorcio no borrará el dolor y el daño que la infidelidad le ha causado a su espíritu. Usted debe sanar de cualquier manera. La cuestión es, ¿cómo y con quién va a sanar usted?

Para los que no han sufrido está horrible tragedia, el ejemplo de Oseas demuestra que ningún matrimonio está "demasiado muerto" como para que el Señor lo restaure. Todos los matrimonios tienen por lo menos una cosa en común: *todos están formados por pecadores*. Tarde o temprano, uno de los cónyuges pecará contra el otro; y pecará en grande. El pecado, el perdón, la sanidad, y el reconstruir confianza constituyen un reto al compromiso de todo matrimonio. Si el Señor pudo restaurar el matrimonio de Oseas y Gomer, Él puede impedir que el suyo se desbarate frente a casi cualquier cosa.

EL RETO DE LAS CIRCUNSTANCIAS
(JOSÉ Y MARÍA)

Un tercer ejemplo se puede hallar relatado en el capítulo 1 del Evangelio de Mateo. Es una narración familiar cada Navidad, pero quiero mirar este relato con un lente diferente.

El nacimiento de Jesucristo fue así: Estando desposada María su madre con José, antes que se juntasen, se halló que había concebido del Espíritu Santo (Mateo 1:18).

De acuerdo a la costumbre judía de ese tiempo, María y José estaban formalmente unidos por un contrato matrimonial, pero debían esperar un año antes de consumar el matrimonio, celebrar la boda pública oficial, y establecer su propia casa. El contrato era tan obligatorio, sin embargo, que sólo un divorcio legal podía romperlo. A María se la consideraba esposa de José en todo respecto. Durante este período, antes de que José ni siquiera la tocara sexualmente, María quedó encinta.

Sabemos, por el relato que nos da Lucas, que a María se le informó del plan; un ángel le explicó lo que iba a suceder. El Espíritu Santo milagrosamente produjo la concepción de su hijo. Sin embargo, José no sabía nada de antemano. Todo lo que él sabía era que María estaba encinta con un hijo que no era suyo. Note la respuesta de él:

José su marido, como era justo, y no quería infamarla, quiso dejarla secretamente. Y pensando él en esto, he aquí un ángel del Señor le apareció en sueños y le dijo: José, hijo de David, no temas recibir a María tu mujer, porque lo que en ella es engendrado, del Espíritu Santo es. Y dará a luz un hijo, y llamarás su nombre JESÚS, porque él salvará a su pueblo de sus pecados (Mateo 1:19-21).

Esfuércese por identificarse con lo que José debe haber sentido. Descubrió que su esposa está encinta, derivó la única conclusión que tenía sentido: adulterio, y decidió optar por un divorcio en secreto. María probablemente trató de explicar, pero, digámoslo tal como es, su cuento es increíble. "Sí, estoy encinta; no, no me he acostado con ningún hombre. Dios hizo todo esto, José."

¡Vamos! Ningún hombre se lo creería.

Felizmente, José pronto recibió confirmación de Dios de que ella le había dicho la verdad. Entonces vino la decisión. Él tenía que saber que cualquier esperanza de un matrimonio normal sería frustrada por las inevitables lenguas largas. La red de chismorreo del barrio en la pequeña población de Nazaret estaría trabajando a sobretiempo. Todos en su comunidad podían contar hasta nueve, y cuando María se asomara a la sinagoga con ropas de maternidad antes de lo esperado, todos llegarían a la misma conclusión. ¡Hablando de escándalo! Sabemos que esto sucedió porque, más adelante, en el ministerio de Jesús, sus enemigos en el templo le dirían con punzante sarcasmo: "*Nosotros* no somos nacidos de fornicación" (Juan 8:41; énfasis añadido).

José y María tendrían que descansar confiadamente en la verdad de su inocencia y hallar contentamiento en eso. Nadie creería la verdad, por más que trataran de convencerlos. Las murmuraciones, risas burlonas, bromas y sarcasmo serían sus compañeros más cercano y más persistentes. Esto, bien sea los uniría más, o se convertiría en una cuña. Ellos, bien sea buscarían esquinas opuestas de la casa, o buscarían fuerza el uno en el otro. Deténgase y piénselo. Todo dependía de su compromiso del uno al otro.

Si la pareja continúa comprometida, su matrimonio resistirá las más extrañas circunstancias. Nadie fuera de la pareja puede entender (incluyendo los padres), y la pareja casada puede sentir que se la ha dejado sin ningún respaldo externo; pero si continúan comprometidos el uno con el otro y al pacto que hicieron con Dios, el matrimonio sobrevivirá. Es más, la intimidad incluso puede convertirse en más dulce conforme los dos comparten una perspectiva que nadie más en la tierra podría apreciar.

Usted tal vez esté enfrentando un conjunto inusitado de circunstancias que es un reto desde afuera para su matrimonio. Habiendo estado en el ministerio por más de cuatro décadas, he ayudado a muchos que atraviesan tiempos terribles. Así que sé lo difícil que puede ser la vida cuando se lidia con problemas en el matrimonio. No obstante, en todos estos años nunca he visto un solo matrimonio empeorar cuando los cónyuges redoblan su compromiso del uno al otro. Los problemas tal vez no desaparezcan, pero el matrimonio sólo se fortalece.

UN IMPORTANTE DESCARGO DE RESPONSABILIDAD

Pienso que necesito insertar una condición a todo lo que he escrito hasta aquí. Quiero apegarme a la Biblia hasta la médula, pero sin ser tan rígido como para ignorar algunas realidades horribles. De hecho, la Biblia tampoco las ignora. Mi corazón se ha partido más de unas cuantas veces cuando he presenciado situaciones en las cuales un divorcio evitó un desastre seguro.

Si usted o sus hijos están en peligro de sufrir daño físico, usted tiene una obligación moral para poner fin a la relación que existe al presente. La reconciliación o un nuevo matrimonio son cuestiones con las que se podrá lidiar a su debido tiempo. Por amor a sí misma y a sus hijos, váyase, aléjese, y busque ayuda. El divorcio puede ser, o puede no ser, el curso apropiado de acción, dependiendo de la disposición y capacidad de su cónyuge para cambiar. Pero a menos que el matrimonio sea un lugar seguro, y hasta que lo sea, aléjese y quédese separado o separada. El Señor nunca propuso que su compromiso sea su destrucción. Dios es firme, pero no es cruel.

Si su cónyuge está usando drogas ilegales, fuertemente le recomiendo que por lo menos se separe hasta que él o ella haya demostrado la capacidad para mantenerse limpio y sobrio por un buen número de meses. Permanezca comprometido o comprometida. Esto es desdichadamente parte de los votos, pero usted sería necio o necia al quedarse viviendo bajo el mismo techo.

Si su cónyuge persiste en cometer adulterio, continúa la conducta de pecado, y no quiere arrepentirse, su compromiso al matrimonio puede en realidad desalentar la reconciliación. Esto suena extraño, pero le recomiendo que lea un buen libro escrito por mi buen amigo el Dr. James Dobson titulado *El amor debe ser firme*. Él lo explica con detalles cuidadosos que no intentaré reproducir aquí. Debo advertirle: no será fácil. Hacer lo que es debido en situaciones difíciles nunca es fácil.

COMO MANTENER EL MATRIMONIO
CON CANDADO Y LLAVE

Para que el matrimonio sobreviva el compromiso es la prioridad uno. Muy poco de lo que usted haga en un matrimonio importará si usted no está decidido a permanecer casado. Sea que el reto sean las consecuencias, el conflicto o las circunstancias, la clave para mantener un matrimonio por toda la vida es el compromiso. Es una decisión que no cambia con los sentimientos, no depende de la buena suerte y ni siquiera de la actitud de su cónyuge. El compromiso le dice a su cónyuge: "Sé que las cosas se han agriado, sé que tu has pecado y yo he pecado, sé que atravesamos tiempos ásperos, pero me quedaré contigo pase lo que pase."

El suave palpitar acelerado de su corazón bajo el cielo iluminado por la luz de la luna en Hawai no los mantendrá juntos. La encantadora ceremonia y los votos de corazón que ustedes dijeron son recuerdos que atesoran, pero tienden a desvanecerse bajo la rigurosa luz de los retos que presenta el mundo. Es una decisión que usted toma, de una vez por todas, y luego confirma con sus acciones todos los días. Es un concepto sencillo que es cualquier cosa excepto fácil, pero no más complicado que decidir quedarse.

Lo que sigue es una carta de una señora que hace algunos años me había oído hablar sobre el compromiso. Sus palabras ilustran el poder sencillo de esta difícil decisión.

He decidido quedarme firme en compromiso a mi propio matrimonio que se hallaba en medio de la acción del divorcio. ... Dios me ha cambiado. Me ha dado un nuevo amor para mi esposo y, a su vez, mi esposo ha ido cambiando en su actitud hacia mí. Él todavía no se preocupa por su relación personal con Jesús; milagro que espero.

Hace seis meses fuimos y escuchamos a un asesor no creyente que nos dijo que sigamos con el divorcio, porque absolutamente no quedaba nada en nuestro matrimonio y no había ninguna base sobre la cual edificar.

Pues bien, la gracia de Dios ha permitido lo contrario. Todavía es una lucha real algunos días, pero he aprendido que en tanto y en cuanto nos "halemos" el uno hacia e otro en lugar de "empujarnos" el uno contra el otro, la dirección es más segura y sólida. ...

Así que, "compromiso" no es simplemente otra palabra en mi vocabulario. Se ha convertido en una parte real de mi vida.

Una "C" final en esta consideración: Cristo. Si el compromiso es la clave, entonces Cristo es el candado. Me asombra que algún matrimonio entre no creyentes dure mucho tiempo. Algunos en efecto duran, pero siempre me sorprende que los matrimonios sin Cristo no acaben más pronto. Sin embargo, si ambos cónyuges permanecen firmemente comprometidos a Cristo, cueste lo que cueste, un matrimonio duradero puede ser una realidad. Con la presencia de Cristo en nuestras vidas, . su poder transformador, su constante estímulo, y su compasión contagiosa firmemente obrando para hacernos más semejantes a Él, ¿cómo puede fracasar un matrimonio?

Cuatro

Consejo práctico sobre cómo hacer
que un matrimonio persista

ᴓ

*M*ientras predicaba una serie de mensajes sobre el matrimonio y la familia en la iglesia Stonebriar Community Church, alguien me dio un letrero que dice: "Los años más difíciles del matrimonio son los que siguen a la boda."

Me sentí tentado a colocarlo frente al púlpito hasta que concluyamos la serie de mensajes, pero decidí no hacerlo. Se me ocurrió que la gente tal vez pensaría que soy más descreído en cuanto al matrimonio que lo que realmente soy. La verdad es que la mejor parte de la sabiduría es saber cómo mantener un balance saludable entre el optimismo y el descreimiento. Si uno es demasiado optimista, a la larga las expectaciones destrozadas lo convertirán en un descreído. Si uno se da al descreimiento demasiado tiempo, se pierde todo sentido de humor. Cincuenta y un años después de nuestra boda, mi meta ahora es tener un matrimonio razonablemente bueno. No espero dicha de luna de miel, aunque disfrutamos de ocasiones que se aproximan mucho a eso. No me conformo por un perpetuo cese del fuego, aunque

73

a veces eso es lo mejor que podemos hacer al avanzar más allá de un desacuerdo.

No se engañe para pensar que una vez que usted ha pasado un cierto hito ya lo ha logrado. Los efectos de Génesis 3 no se disipan con la edad, y la tentación de abandonarlo todo todavía puede apoderarse de usted. Es como el chiste que oí hace poco. Una mujer había estado casada por setenta años y decidió entablar pleito de divorcio. El juez le preguntó: "Después de todos estos años, ¿por qué?" Ella contestó: "Mire: *¡ya basta!*"

Nuestro objetivo es ser más como Winston Churchill y su esposa. El ingenio agudo del primer ministro británico y su expresión facial tozuda se habían vuelto legendarios durante la Segunda Guerra Mundial, casi tanto como su tierno amor por su esposa, Clementina. Según se dice, alguien le preguntó: "Si usted pudiera vivir de nuevo su vida, ¿qué le gustaría ser?" Después de cincuenta y cinco años de matrimonio, el señor Churchill replicó con un guiño del ojo: "El segundo esposo de la señora Churchill."

¿Qué determina la diferencia? Algunas parejas describirían su vida juntos como años de insatisfacción, discusión, ira y desilusión. Otros, teniendo circunstancias similares, virtualmente las mismas ventajas y retos impactando su matrimonio, dirían: "Nuestra unión es sólida, satisfactoria, y segura. Y se vuelve mejor con el paso de los años." ¿Por qué? ¿En qué está la diferencia?"

En el capítulo previo echamos un vistazo a la vida secreta de tres parejas bíblicas. Adán y Eva soportaron las severas consecuencias del pecado: expulsión de casa, maldición de la tierra, maldición sobre las relaciones personales, y descendencia bajo maldición. Sin embargo permanecieron juntos por novecientos años de vida. De ellos aprendimos que el matrimonio puede sobrevivir las consecuencias más severas, si los dos deciden seguir comprometidos.

Luego saltamos hacia adelante unos pocos cientos de años y examinamos el matrimonio inusitado entre un profeta y una prostituta. Oseas se casó con Gomer, que puede haber sido una mujer virtuosa al principio pero que se convirtió en grotescamente infiel. Aunque no vino como sorpresa, con todo a él le dolió. Después de darle tres hijos, ella se dedicó a vender su cuerpo hasta que ya no servía para nada. Entonces, cuando Gomer estaba en pobreza total y se había vendido como esclava, el Señor le dijo a Oseas que la busque, que la compre de nuevo, y la reciba como su esposa otra vez. Él hizo eso. Se esperaba que su vida enseñaría a la nación de Israel la profundidad del amor de Dios leal, persistente, y que busca a su pueblo; el pueblo que escogió la prostitución espiritual por encima del verdadero amor del único Dios verdadero. Aprendimos de Oseas y Gomer que un matrimonio puede vencer los retos más extremos, si deciden escoger el compromiso por encima del escape.

Luego entramos en la experiencia de dos asombrosas personas de fe: José y María. Él se casó con una virgen, que estaba encinta de un niño concebido milagrosamente de Dios; un niño que era el largamente esperado Mesías. Ambos, teniendo la seguridad de la verdad del cielo, aceptaron una vida de acusación y malos entendidos, y un conjunto de lo más extraño de circunstancias en el cual vivir juntos. A pesar de las probabilidades en su contra, su matrimonio duró; hicieron su vida juntos, demostrando que un matrimonio puede soportar las circunstancias más extrañas si escoge primero que el compromiso.

El compromiso es el primer ingrediente necesario para longevidad. Pero, como hemos visto, un matrimonio duradero no es necesariamente un matrimonio feliz o siquiera un matrimonio razonablemente bueno. Así que, ¿qué es lo que sigue? Para responder a eso quiero examinar Efesios 4 (no Efesios 5, como tal vez usted espere). Los principios que tienen que ver con el papel de las relaciones de hombres y mujeres en el matrimonio vienen luego. Primero, empecemos con principios que gobiernan nuestra conducta como seres humanos, portadores de la imagen de Dios, creyentes en Jesucristo, miembros de algo mayor que nosotros mismos. Todo esto va junto.

Voy a ilustrar algunos de los principios descorriendo el velo de algunos de los aspectos más personales de mi propio matrimonio, pero ciertamente no debido a que nosotros lo hayamos resuelto todo; no en forma perfecta, en todo caso; pero sí razonablemente bien. Hemos atravesado muchos, si acaso no los mismos, retos que usted ha enfrentado o está enfrentando; las mismas presiones, conflictos, corazones partidos, desencantos, errores, y embarazosos fracasos.

Mi esposa y yo no somos particularmente especiales de ninguna manera. No vinimos de hogares perfectos o siquiera particularmente notorios en términos de lo bien que contribuyeron a criar hijos emocionalmente saludables. Nuestros padres fueron leales y fieles el uno al otro y hacia nosotros, pero como ustedes, nosotros también trajimos a nuestro matrimonio nuestra porción de equipaje insalubre de esas familias de origen. Es más, una de nuestras primeras conversaciones resultó en un sentido compartido de que el Señor quería que criáramos a nuestros hijos a su manera, y no a la manera en que a nosotros nos habían criado.

Tampoco estoy usando nuestro ejemplo debido a que estamos en el ministerio cristiano. En lugar de ayudar a fortalecer un matrimonio, estar en el ministerio con mayor probabilidad es un estorbo para que eso suceda. Los retos del ministerio no sólo son singulares, sino que tienen poco que ofrecer en términos de consejo útil para fortalecer el matrimonio. Créame, nuestra experiencia como pareja en el ministerio no nos da ningún conocimiento sobrenatural que no esté ya disponible para usted en las páginas de la Biblia.

No; uso nuestro matrimonio por dos razones. Primero, no conozco ningún otro matrimonio tan bien como el nuestro, o uno respecto al cual me sentiría cómodo al revelar tanto detalle. Segundo, para que usted vea que mi autoridad en el tema del matrimonio no brota de más de cincuenta años de hacer lo correcto en el matrimonio; mi autoridad viene sólo de la Biblia. Cynthia y yo aplicamos sus principios, y disfrutamos de los beneficios de la obediencia, pero también disfrutamos de la gracia de Cristo, que nos mantiene avanzando en las ocasiones en que no practicamos lo que sabemos que es lo debido. Hemos aprendido mucho, pero continuamos aprendiendo; de nuevo, tal como usted.

Cinco principios que hacen que un matrimonio permanezca

En Efesios 4 hallo no menos de cinco importantes principios—mandatos, en realidad—que fortalecerán su compromiso al matrimonio y harán que persista. Pablo originalmente los aplicó a la comunidad de la iglesia, pero funcionan bien en muchos otros contextos, especialmente en el matrimonio. Los versículos 1-24 no contienen mandatos, ni imperativos. Luego, del versículo 25 hasta el fin del capítulo, ¡Pablo da once de ellos! Presento cinco principios que nos han ayudado a mantener un matrimonio razonablemente bueno ... hasta aquí.

Cultive completa sinceridad

Por lo cual, desechando la mentira, hablad verdad cada uno con su prójimo; porque somos miembros los unos de los otros (Efesios 4:25).

Permítame parafrasearlo y aplicarlo como sigue:

[Ustedes que están en Cristo han sido creados de nuevo para ser verdad viviente]. Por consiguiente, desechando todo lo falso, hable cada uno la verdad con su cónyuge, porque ustedes son miembros uno del otro.

La Versión Popular lo dice de la siguiente manera:

Por lo tanto, ya no mientan más, sino diga cada uno la verdad a su prójimo, porque todos somos miembros de un mismo cuerpo (Efesios 4:25, VP).

Cynthia y yo estamos aprendiendo a cultivar completa honradez en nuestra relación. Pablo dice en el versículo 22: "despojaos del viejo hombre." Luego usa la misma palabra para decir: "desechando la mentira," o el engaño. El término griego que se traduce "mentira" o "engaño" es *pseudos*, de donde obtenemos el prefijo *pseudo*. Una persona que es pseudointelectual parece ser un pensador complejo cuando, en verdad, es muy probable que no sea tan inteligente después de todo. El pseudointelectual enmascara su inteligencia real mediante el engaño.

Pablo habla de *pseudos* como si fuera un objeto. "Déjenlo. Descártenlo." Nosotros usamos *pseudos* como si fuera una herramienta, y la mentira tiene muchas variaciones. Va desde el engaño leve al engaño extremo: frases diplomáticas, exageraciones, no decir toda la historia, guardar silencio cuando deberíamos hablar, blanquear motivos, lisonjear, torcer la verdad, añadir detalles falsos, inventar cuentos, abrazar la ficción como verdad.

Echamos mano al *pseudos* para arreglar algo en la relación que pensamos que se ha roto o pudiera romperse. Desdichadamente, surte el efecto opuesto. Me gusta la manera en que John R. W. Stott lo dice: "La comunión se edifica sobre la confianza, y la confianza se edifica en la verdad. Así que la falsedad socava la comunión, en tanto que la verdad la fortalece."1 Cambie la palabra "comunión" a "matrimonio, y verá qué bien encaja. El matrimonio se edifica sobre la confianza, y la confianza se edifica sobre la verdad. *Pseudos* no arregla nada. Tiene el poder sólo de destruir la intimidad en un matrimonio.

He observado con el correr de los años que la mayoría de nosotros cultivamos el hábito de mentir en nuestras salidas durante el cortejo. No nos convertimos repentinamente en mentirosos el momento en que decimos "Sí, quiero." Por ejemplo, un hombre por lo general le dirá a su futura esposa lo mucho que le encanta la ópera. Así que asiste a esas presentaciones vez tras vez, sonriendo como comadreja comiendo zarzas, tratando de impresionar con su amor por las artes a la mujer ingenua. Ella piensa: *¡Ah, vaya! ¡Finalmente hallé un hombre que disfruta de la ópera tanto como yo!* Cuando vuelven de la luna de miel, él sabe muy bien que ni siquiera se va a acercar al teatro de ópera de nuevo. ¿Por qué? ¡Porque mintió!

Las mujeres son igual de culpables, sólo que en el caso de ellas es la pesca. La mujer enamorada se levantará a las tres de la mañana, preparará esos desdichados sándwiches de atún, se congelará hasta los huesos bajo el viento helado en el lago, mientras dice: "Ah, esto es tan divertido. Gracias por traerme." ¡Ella sabe que dos segundos después de la ceremonia marcarán su *última* salida de pesca! ¿Por qué fingió que le gustaba pescar? ¡Porque quería gustarle a su futuro esposo!

La verdad es dura. Es un riesgo. Requiere vulnerabilidad, confianza y fe. Pero algunas parejas se han cubierto con hojas de higuera por tanto tiempo, que casi ni siquiera pueden soportar el pensamiento de estar desnudos el uno frente al otro. Se han escondido detrás del engaño por tanto tiempo, que casi ni pueden reconocer la verdad. Qué triste vivir en una trampa así.

Si la verdad nos hace libres, entonces ningún matrimonio es más esclavo que el matrimonio que está envuelto en *pseudos*: engaño, falsedades y mentiras. Descártelos y decida hoy empezar a decir sólo la verdad. Sugiero empezar admitiendo la verdad para sí mismo.

Exprese el enojo de manera apropiada y en el momento apropiado

Airaos, pero no pequéis; no se ponga el sol sobre vuestro enojo, ni deis lugar al diablo (Efesios 4:26-27).

Cynthia y yo estamos aprendiendo a expresar nuestro enojo de maneras apropiadas y en el momento debido. Por favor, note que no digo: "Estamos aprendiendo a no enojarnos nunca." La Biblia dice que se supone que debemos enojarnos. El verbo griego es un mandato, que en realidad es algo más suave que el hebreo del Salmo 4:4, que dice: "Temblad, y no pequéis." No sólo que está bien enojarse, dice la Biblia, sino en efecto: "Adelante, y tiembla con cólera que hace enrojecer la cara si es necesario, … pero pecar está fuera de límites."

Tal vez a usted, como a mí, se le enseñó al crecer que la ira siempre era pecado. Por diez años yo critiqué a Cynthia cada vez que veía que el enojo asomaba en su cara. Pero yo estaba equivocado. No toda la ira es mala. Debemos enojarnos al ver que se defrauda a inocentes o se destroza los buenos valores. Debemos temblar con cólera cuando vemos o inclusive oímos que se maltrata a un niño. Permítame añadir que si usted puede ver un noticiero que informa el ultraje sexual de un niño o niña y eso no hace que le hierva la sangre, ¡algo anda terriblemente mal!

81

Y hacer a un lado una seria ofensa de parte de su compañero más cercano, más confiable, su cónyuge, es una señal segura de que los dos están desconectados.

No sólo que la cólera, en sí misma, no es pecado, sino que la cólera justa refleja la mente de Dios. Tomen nota de la reacción de Dios al engaño en particular:

> Nadie os engañe con palabras vanas, porque por estas cosas viene la ira de Dios sobre los hijos de desobediencia (Efesios 5:6).

Si toda ira fuera pecado, sería errado que Dios exprese ira hacia los hijos de desobediencia. Es más, los Salmos rebosan de este tipo de escritos. Al confrontar al pecado, el Señor es muchas cosas excepto tolerante, pasivo o apático; y nosotros haremos bien al seguir su ejemplo. La ira que sentimos a menudo es apropiada para la situación. Desdichadamente, nosotros sencillamente a menudo expresamos esa ira de maneras inmaduras y de pecado. Para ser como Dios, debemos aprender a expresarla apropiadamente y en el momento apropiado.

La expresión apropiada de ira jamás causa temor, nunca degrada ni intimida, y nunca humilla a la otra persona. Por otro lado, no podemos convertirnos repentinamente en frágiles, distantes o condescendientes con nuestros cónyuges cuando ellos empiezan a ventilar su ira. Un matrimonio que se caracteriza por el mutuo respeto da a cada cónyuge suficiente espacio para que exprese sus sentimientos y emociones de ira. En mi experiencia, manejar la expresión de ira requiere trabajo en equipo. El cónyuge enojado debe ejercer dominio propio ("no pequen"), en tanto que el otro responde apropiadamente a las expresiones de ira. La manera más rápida de calmar a un cónyuge enfadado es escuchar. Esfuércese para oír lo que su cónyuge está expresando (aunque lo haga pobremente) y muestre empatía.

La expresión de ira a tiempo también requiere trabajo en equipo. Mantenga las cuentas cortas. La instrucción de Pablo incluye el mandato: "No dejen que el sol se ponga sobre su enojo."

Cynthia sugirió hace años que no debíamos irnos a la cama enojados. Ella notó sabiamente: "Cuando nos vamos a la cama enojados, es como cemento mojado que se endurece durante la noche." Así que hemos aprendido a quedarnos despiertos hasta que hemos resuelto el conflicto. Por supuesto, para cuando son las tres y media de la madrugada, uno concuerda casi con cualquier cosa. Pero, incluso si uno de ustedes tiene que "perder" la discusión, es mejor que irse a la cama de espaldas. El tiempo puede convertirse en su enemigo, dándole a la ira lugar para que se incone, lo que nos lleva a la frase intrigante: "y no le den lugar al diablo."

La palabra que se traduce "lugar" es una de esas palabras griegas cargadas que lleva consigo una amplia variedad de significados asociados. Figuradamente puede significar oportunidad, santuario o territorio, pero hallo su uso en el hebreo del Antiguo Testamento de lo más intrigante. Ellos usaban la palabra "lugar" para referirse a lugares sagrados, o tierra santa en donde se adoraba a algún dios. El Nuevo Testamento usaba la palabra para referirse a un cargo de autoridad en el gobierno o en la iglesia.

Pablo y su público conocían todos estos significados, y pienso que él quiso que aquí se apliquen todos ellos. Yo lo parafrasearía de esta manera:

> "No erijan en su corazón una capilla a la ira. El diablo se nombrará a sí mismo sacerdote allí."

Tal vez usted ha hecho precisamente eso. En lugar de enfrentar a su cónyuge con su ira, expresando claramente como él o ella le ha causado dolor, usted ha acariciado la ofensa. La almacenó nítidamente y se convenció a sí mismo de que usted estaba "cortando por lo sano." Pero ocasionalmente usted saca y acaricia la ofensa, recordando cuán equivocado estaba su cónyuge y cuanta razón tenía usted. A lo mejor incluso tiene más de una sola ofensa. A lo mejor tiene una gran bodega mental donde almacena ofensas e injusticias. Es cómico como se agrandan allí cuando uno no está mirando. Las verdades se tergiversan, los hechos se distorsionan, y las cosas pequeñas se inflan.

¿Qué es lo que está esperando? De seguro que no está guardándolo todo hasta el momento apropiado para descargarlo sobre su cónyuge a la vez, ¿verdad? Mientras más espere, mayor es la oportunidad que le da a Satanás para invadir, debilitar, y en última instancia hacer añicos su matrimonio. Si usted ha permitido que se acumulen con el tiempo, no espere una resolución rápida. Tendrán que salir tan lentamente como usted las puso allí. Y a lo mejor usted necesita un asesor competente para ayudarle a limpiar ese armario apropiada y completamente; en el momento preciso.

84

No le robe a su cónyuge

El que hurtaba, no hurte más, sino trabaje, haciendo con sus manos lo que es bueno, para que tenga qué compartir con el que padece necesidad (Efesios 4:28).

Cynthia y yo hemos aprendido a dejar de robarnos el uno al otro (¡Eso hará que se arqueen muchas cejas!).

La preocupación de Pablo no fue el hurto, y dudo que él quisiera decir "robar" en el sentido de saquear el uno la casa del otro. De acuerdo a un diccionario el término significa "robar, sustraer y apropiarse secreta y astutamente."[2] Pablo escribió esto a una iglesia que tenía su porción de aprovechadores. Cualquiera que aduce ser parte de la comunidad, y disfruta del fruto de su trabajo, y no contribuye nada, está robando. También lo hace el que retiene ofrendas, o tiempo, o trabajo, o participación. Participar en la comunidad es contribuir con la porción apropiada de arduo trabajo. No puedo pensar en una mejor cura para el robo que el trabajo forzado, bien sea voluntario y de buena fe, o involuntariamente detrás de las rejas.

Así que, ¿cómo se aplica esto al matrimonio? Un matrimonio incluye más que posesiones materiales. Es una comunidad de dos, cada uno habiendo intercambiando promesas y expectaciones. Mi tiempo, mi confianza, mi trabajo, lo mejor de mí mismo, incluso mi cuerpo le pertenece en parte a Cynthia. Cuando yo retengo o violo cualquiera de esas cosas, le robo a Cynthia lo que por derecho le pertenece.

Le robo cuando permito que alguna otra cosa invada el tiempo que le he prometido a ella. Le robo cuando doy lo mejor de mí mismo a la iglesia y no dejo nada para ella en casa. Le robo cuando revelo algo que ella me ha pedido que guarde en forma confidencial. Le robo cuando ella me confía con vulnerabilidad, y yo uso eso en contra de ella. Le robo cuando ella confiesa un pecado, y yo lo esgrimo en contra de ella.

Las parejas se roban uno al otro al usar egoístamente el dinero de la familia. Conozco un ejemplo en donde al esposo le encantaba el golf y jugaba dos o tres veces a la semana. No hay nada de particularmente malo en eso, excepto que él también era cicatero con su esposa en casa. Él echaba una rabieta si ella gastaba más de lo convenido al comprar víveres, y ella tenía que ejercer mucho cuidado al comprar ropa. A la larga, ella llegó a su límite. Con toda calma hizo que él se siente y le dijo: "Voy a empezar a llevar nota de cuánto gastas en los juegos de golf, y entonces yo voy a gastar lo mismo en el almacén de ropa. Juega cuantos partidos quieras."

¡Es asombroso lo que hizo eso para moderar el hábito de golf de él! Desdichadamente, el robo era sólo uno de los problemas de ese matrimonio; y a la larga se deshizo.

Guarde las cosas de su matrimonio que le pertenecen a su cónyuge. Guárdelas seguras y úselas sabiamente. Un buen ejemplo es su tiempo. Cynthia y yo hemos observado que a menos que anotemos nuestras citas—programar tiempo y protegerlo como protegeríamos una reunión esencial—otros deberes se entrometerán como ladrón y nos robarán nuestro tiempo a solas. Cuando anotamos ese tiempo en un calendario, es más difícil robarlo sin quererlo.

Cuide escrupulosamente su habla

> Ninguna palabra corrompida salga de vuestra boca, sino la que sea buena para la necesaria edificación, a fin de dar gracia a los oyentes. Y no contristéis al Espíritu Santo de Dios, con el cual fuisteis sellados para el día de la redención (Efesios 4:29-30).

Washington Irving lo dice muy bien: "La lengua es la única herramienta que se afila con el uso constante." Los instrumentos afilados pueden ser mortales cuando se los maneja al descuido y sin embargo extremadamente útiles en manos de un cirujano hábil. La sabiduría es lo que determina toda la diferencia.

La oración en griego es un poco incómoda, pero martilla el punto: "Toda palabra pútrida de la boca de ustedes, que no salga." Me gusta la manera extraña en que lo expresa. La versión Reina Valera lo traduce "Ninguna palabra corrompida salga de vuestra boca," y es buena traducción. Pero el texto en griego da por sentado que las palabras ya existen y que es nuestra la decisión de lo que les sucederá a ellas. El lenguaje original lo indica tal como lo experimentamos. Las palabras vienen a la mente, y es nuestra responsabilidad evaluarlas antes de decirlas.

El adjetivo "corrompida" es demasiado suave. El término griego se refiere a legumbre podridas y pescado rancio. Esto me recuerda una broma pesada que solíamos jugarles a los recién casados cuando yo era adolescente en la calurosa y húmeda ciudad de Houston. Mientras la pareja feliz disfrutaba de su recepción, unos cuantos de nosotros llenábamos de camarones frescos los tapacubos del coche en que se irían a su luna de miel. Poníamos unos pocos cariñosamente en el motor para asegurarnos. Después de como tres o cuatro días en el calor de Houston, "corrompido" sería demasiado suave para describir el hedor que rodeaba al coche. Esa supuración viscosa, gris, que chorreaba de los tapacubos es lo que Pablo considera palabras que no dan gracia a los demás.

Cynthia ha colocado una copia de este versículo, tomado de la versión amplificada en inglés, encima de la pantalla de su computadora. Cada vez que ella toma asiento para enviar algún e-mail, esas palabras le recuerdan que el teclado puede ser casi tan poderoso como la lengua.

Cynthia y yo estamos aprendiendo, con el correr de los años, a tener mucho cuidado con nuestras palabras, e incluso con el tono de nuestras palabras. La lengua puede ser un arma devastadora en el hogar. Usted tiene todo lo demás en su puesto. Puede ser un esposo o esposa maduro. Puede ser el cumplimiento de todos los sueños de su cónyuge. No obstante, todo eso puede deshacerse—quedar anulado por completo—por las palabras que dice y la manera en que las dice.

Cada vez que abrimos la boca bien sea edificamos o destrozamos a nuestros cónyuges. Bien sea afirmamos o atacamos. Pocas cosas se pueden dividir tan claramente en categorías de "edificantes" y "pútridas," y nuestra habla es una de ellas. En forma extraña lo suficiente, nos cuidamos mucho más de hablar cortésmente a la gente en público que a nuestros cónyuges. Qué triste para nosotros, y como aflige al Espíritu Santo presenciar eso.

Sea amable

> Quítense de vosotros toda amargura, enojo, ira, gritería y
> maledicencia, y toda malicia. Antes sed benignos unos con
> otros, misericordiosos, perdonándoos unos a otros, como
> Dios también os perdonó a vosotros en Cristo (Efesios
> 4:31-32).

Mi hermana Luci parafrasea todas esas palabras de esta manera:
"Simplemente sé amable." Me gusta eso. Esto reduce este mandamiento a algo muy sencillo sin trivializar el pasaje. "Ser amable"
es algo que todos podemos hacer. La cortesía esta entretejida en
la trama de "amable." Se lo puede hacer en público a personas
totalmente extrañas todos los días. Uno deja a un lado el mal
talante y las preocupaciones apenas lo suficiente para devolver
una sonrisa, dar un elogio, absorber una palabra descomedida,
u ofrecer ayuda.

"Ser amable" es útil en otro respeto. Es sencillo. Cuando los
hombres pensamos en maneras de demostrar amor a la esposa,
tendemos a pensar en gestos grandiosos como joyas, o viajes a
lugares exóticos. Tal vez pensando que nada más es bueno lo suficiente, nos cohibimos de hacer cosas pequeñas. Sin embargo, para
las mujeres las amabilidades más pequeñas significan mucho.

Una vez sentí un fogonazo de afecto por Cynthia, así que
saqué una etiqueta adhesiva (no quería gastar demasiado, como
usted sabe) y escribí dos palabras: "Te quiero." La pegué en el
espejo y salí para la oficina. Cuando volví a casa la etiqueta había
desaparecido, y yo no pensé gran cosa al respecto. Me figuré
que ya ella la vio, sonrió, la estrujó, y siguió con su día. Pero

para mi sorpresa, usamos el coche de ella unas pocas noches más tarde, y allí estaba, pegada en el tablero de instrumentos. Dos palabras sencillas, pero que para ella significaron un mundo. (Ella conservó la nota allí por semanas).

Yo sonreí, nos besamos, y entonces una lucecita se encendió en mi cabeza. Quedé asombrado. ¿Eso es todo lo que se necesita para hacer que ella se sienta amada, apreciada y afirmada? La mayoría de las veces, sí. Gestos sencillos, auténticos, de afecto, realizados uno tras otro, día tras día, año tras año, le darán a ella más afirmación que una docena de viajes a Tahití y la mitad de los diamantes de África del Sur.

Las mujeres, también, tienen sus lecciones que aprender. Las críticas carcomen la dignidad del hombre y le dejan con menos fuerza para amar a su esposa. Señoras, sean amables con sus respectivos esposos, hallando algo que él hace por complacerlas. Recálcenlo y agradézcanle por ser un buen esposo. Incluso mejor, noten algo en su carácter que ustedes admiran, y luego díganle que lo respetan por eso. (Para los hombres, amor y respeto es lo mismo). Pienso que se asombrarán como yo porque algo tan sencillo lleva a su esposo tan lejos.

Así es como las personas son transformadas. Así es como sacamos lo mejor de nuestros cónyuges. Simplemente sea amable.

La amabilidad del pastor y autor escocés Alexander Whyte es legendaria. Se decía de él: "Todos los gansos de Whyte son cisnes." ¡Me encanta esa línea! Los miembros de su iglesia se convirtieron en cisnes porque él los veía de esa manera. ¿En qué se está convirtiendo su esposo debido a usted, señora? ¿Está su esposa convirtiéndose en una persona más realizada debido a su amabilidad, esposo?

CUADRO DEL MATRIMONIO LLENO DE GRACIA

En última instancia, este pasaje está llamándonos a que ejerzamos gracia en nuestras relaciones personales, y estoy llamando la atención en particular a la relación matrimonial. Cultiven completa franqueza, expresen su ira apropiadamente y en el momento debido, no se roben el uno al otro, cuiden su habla, y busquen maneras de mostrarse amabilidad el uno al otro. Simplemente piense en lo fácil que sería permanecer comprometidos, cuán natural y honda se volvería la intimidad, si usted y su cónyuge en la vida obedecieran todos los días estos cinco mandatos sencillos.

Permítame concluir este capítulo con una ilustración final de gracia obrando en un matrimonio. Esta historia verdadera viene de un libro penetrante escrito por el médico Richard Selzer, titulado *Mortal Lessons: Notes in the Art of Surgery (Lecciones mortales: notas sobre el arte de cirugía)*:

Estoy junto a la cama en donde yace una joven, con su cara postoperación, su boca torcida como con parálisis, como payaso. Una diminuta ramificación de su nervio facial, el de los músculos de su boca, ha quedado cortada. Ella quedará de esa forma de aquí en adelante. El cirujano ha seguido con fervor religioso la curva de su carne; se lo prometo. De todas maneras, para eliminar el tumor de su mejilla, tuve que cortar ese diminuto nervio.

Su joven esposo está en la habitación. Está de pie al lado opuesto de la cama, y juntos parecen vivir bajo la luz de la lámpara nocturna, aislados de mí, en privado. ¿Quiénes son, me pregunto a mí mismo, él y esta boca retorcida que yo he hecho, que se devoran con los ojos el uno al otro y se tocan uno a otro tan generosamente, codiciosamente? La joven habla.

"¿Quedará mi boca siempre así?" pregunta ella.

"Sí," le digo; "así se quedará. Fue porque hubo que cortar el nervio."

Ella asiente con la cabeza y se queda en silencio. Pero el joven sonríe.

"Me gusta," dice. "Es más bien encantadora."

De súbito sé quién es él. Comprendo, y bajo la vista. Uno no es audaz en un encuentro con un dios. Sin importarle, él se inclina para besar la boca torcida de ella, y yo estoy tan cerca que puedo ver cómo él retuerce sus propios labios para acomodarlos a los de ella, para mostrarle que el beso de ellos todavía sirve. Recuerdo que los dioses aparecían en la Grecia antigua como mortales, y yo contengo el aliento y permito que el asombro me llene.[3]

Gracia. Es oxígeno para el matrimonio y demasiados están boqueando buscándolo. Instile vida en el suyo con estos cinco principios. Tómelos en serio y aplíquelos de cualquier manera singular que encaje con su cónyuge. Aplique la misma diligencia y creatividad a su matrimonio que aplicaría en una tarea asignada en su trabajo. Su recompensa no será sólo una unión larga y estable, sino también feliz y satisfactoria.

Cinco

Pegamento esencial para que toda pareja aplique

ళ

El amor, el amor genuino, es algo que desafía toda definición. Por milenios las palabras han eludido a los mejores poetas y
filósofos en su esfuerzo por analizar el amor, cuantificarlo, expli-
carlo o definirlo. Pero en donde las palabras aturden el cerebro,
el corazón resuena en perfecta afinación cuando vemos el amor
en acción. Acompáñenme mientras miramos algunas escenas
familiares.

Estamos en un atiborrado aeropuerto. Un anuncio por los
altoparlantes desata una pequeña conmoción detrás de nosotros
mientras un hombre uniformado se pone de pie. Diminutos
brazos se aferran a cada pierna mientras una pareja de edad mira,
llorando. El hombre y su esposa se aferran el uno al otro en un
largo abrazo desesperado. Las lágrimas y los besos, las oraciones
y promesas conducen al inevitable: "Te quiero … adiós," que tal
vez sea el último.

Estamos caminando por el corredor tenuemente iluminado
de un hospital a las tres de la mañana, cuando los sonidos y
murmullos de un recién nacido nos llaman la atención. Allí, en

una isla de luz tenue, hay una nueva madre que arrulla la vida que surgió de su cuerpo unas pocas horas antes. Su esposo está sentado junto a ella en la cama, con su mejilla oprimida contra la de ella, mientras ambos contemplan asombrados a su nene. La expresión de sus caras refleja el milagro que acaba de ocurrir: el amor engendró vida.

El aroma de flores frescas y los acordes jubilosos de un órgano de tubos se mezclan en nuestras cabezas en un santuario. Una novia avanza con gracia por el pasillo, del brazo de su padre. La expresión en la cara del padre parece la de alguien que va a entregar un Stradivarius de medio millón de dólares a un gorila.[1] En el altar, un joven se pone de puntillas, atisbando por el pasillo para captar un vislumbre de su novia. En su cara vemos inocencia, temor, expectación, deleite y enorme amor.

El amor nunca brilla más que cuando se lo ve contra la total negrura de la muerte. Patrick Morley relata este episodio de la vida real en su libro *The Man in the Mirror (El hombre frente al espejo)*:

¡El salmón casi saltaba para morder los anzuelos! Eso era muy diferente del día anterior, cuando parecía que los cuatro pescadores ni siquiera podían pescar una bota vieja.

Desalentados pero no desanimados, se habían embarcado en su pequeño hidroavión y volado casi a ras de las montañas de Alaska hasta una bahía inmaculada y apartada donde de seguro los pescados iban a picar.

Estacionaron su aeroplano y vadearon riachuelo arriba, donde el agua hervía con salmones listos para pescar. Por la tarde, cuando regresaron a su campamento, se sorprendieron al encontrar a su hidroavión en seco. La marea fluctuaba como ocho metros en esa bahía en particular, y los pontones descansaban sobre una cama de cascajo. Ya que no podían decolar sino hasta la mañana, se acomodaron para la noche, y disfrutaron de algo de su pesca para la cena, y luego durmieron en el avión.

Por la mañana, el hidroavión estaba a flote, así que de inmediato encendieron el motor y comenzaron a despegar. Demasiado tarde descubrieron que uno de los pontones había sido perforado y estaba lleno de agua. El peso extra lanzó al avión en un patrón circular, y a pocos momentos del despegue, el hidroavión escoró hacia el mar y se volcó.

El Dr. Phil Littleford determinó que todos estaban vivos, incluyendo su hijo de doce años, Mark. Sugirió que oren, lo cual los otros dos hombres en seguida apoyaron. No encontraron equipo de seguridad a bordo, ni chalecos salvavidas, ni bengalas, ni nada. El hidroavión gorgojeó y se hundió en la oscuridad del mar helado de esa mañana. El agua glacial de Alaska congelaba su aliento.

Todos comenzaron a nadar hacia la orilla, pero la contracorriente contrarrestaba cada brazada. Los dos hombres que acompañaban a Phil y a Mark eran nadadores fuertes, y ambos llegaron a la orilla; uno de ellos apenas pisando la orilla mientras el oleaje los arrastraba hacia el mar.

Los dos compañeros vieron a Phil y a Mark por última vez, como dos puntos que desaparecían en el horizonte, arrastrados, abrazándose uno al otro, hacia mar abierto.

La Guardia Costera informó que probablemente no duraron más de una hora en las aguas heladas. La hipotermia habría enfriado las funciones del cuerpo, y se habrían quedado dormidos. Mark, con una masa más pequeña de cuerpo, se habría dormido primero en los brazos de su padre. Phil podría haber logrado llegar a la orilla pero eso habría significado tener que abandonar a su hijo. Nunca se encontraron sus cuerpos.[2]

EL AMOR EN EXHIBICIÓN

Cuando vemos el amor en acción, nuestros corazones no pueden evitar latir a ritmo perfecto como los que participan. El amor es un lenguaje universal. Cuando se lo expresa auténticamente, no se necesitan palabras. Es más, el amor no es menos esencial para la vida humana que el aire, la comida o el agua. La ciencia demuestra el hecho. Y, como veremos en el imponente tratado del apóstol Pablo en 1 Corintios 13, nada está completo sin el amor. Desdichadamente, amamos demasiado poco y demasiado esporádicamente. Así que, en ocasiones, necesitamos un gentil recordatorio de lo que quiere decir amar a otros de todo corazón. Eso exige sabiduría y el consejo del Autor del amor.

En capítulos anteriores subrayé la importancia de comprometerse. Descubrimos cinco mandatos en Efesios 4 que añaden dulzura a la longevidad, de modo que un matrimonio duradero también puede ser un matrimonio del que se disfruta. Pero, encarémoslo. Un matrimonio sin amor no tiene sentido; es como un concierto sin música.

Imagíneselo. Los músicos se esfuerzan por dominar sus instrumentos. El conductor selecciona una composición musical. Se renta un gran salón de conciertos, se imprimen los programas, y se fija la fecha. Gente de toda la ciudad y de otras, vestidos en sus trajes de noche más elegantes, llenan el decorado salón a la hora señalada y toman sus asientos. El oboe de primera silla afina al resto de la orquesta de manera que todos los instrumentos resuenen en el mismo tono perfecto y armonioso. Aparece el conductor, hace una venia, sube a la plataforma, y entonces ... nada. Silencio. Los músicos dejan sus instrumentos bien sea sobre sus rodillas o los depositan en el suelo. El público se queda sentado en quietud ordenada. Entonces, después de una hora o algo así, el conductor se vuelve al público, hace una venia, lo que desata el aplauso. Él hace señas a la orquesta, y el público continúa aplaudiendo. El conductor sale del escenario mientras que el aplauso da lugar a las voces de la conversación y los pies que resuenan mientras el público sale del salón.

¿Absurdo? Sí; pero lo mismo son muchos matrimonios hoy. Comprometidos, corteses, agradables, pero vacíos de exactamente aquello que el matrimonio fue diseñado para exhibir: amor. El compromiso los mantendrá a usted y a su cónyuge sentados lado a lado, pero el amor es lo que los une. Un diccionario añade estos sinónimos a la definición de casados: *unidos, juntos*. El amor es el pegamento que une dos vidas, uniendo en una unión irrompible a dos cónyuges comprometidos.

La mayoría de los elementos esenciales del amor se pueden hallar en la primera mitad de 1 Corintios 13, el discurso magno de Pablo sobre el amor. Al examinar este bien conocido pasaje, me temo que la familiaridad oscurece el genio que contiene. Mirar algo familiar desde una perspectiva fresca refiere disciplina mental. Así que le pido, si esta no es su primera exposición a estos versículos, por favor, imagínese que lo es. Determine tomar las palabras de Pablo muy personalmente. Permita que penetren lentamente en su mente y luego permítales que hagan impacto en usted.

LA PRIORIDAD DEL AMOR

Pablo empieza su tratado con tres afirmaciones, recalcando la prioridad del amor.

> Si yo hablase lenguas humanas y angélicas, y no tengo amor, vengo a ser como metal que resuena, o címbalo que retiñe. Y si tuviese profecía, y entendiese todos los misterios y toda ciencia, y si tuviese toda la fe, de tal manera que trasladase los montes, y no tengo amor, nada soy. Y si repartiese todos mis bienes para dar de comer a los pobres, y si entregase mi cuerpo para ser quemado, y no tengo amor, de nada me sirve (1 Corintios 13:1-3).

¡Qué asombrosas analogías! Su primera afirmación mide la importancia del amor contra el don de la comunicación. Si alguno de nosotros supiera el lenguaje de esos misteriosos seres celestiales que llenan el salón del trono de Dios, o si poseyéramos la habilidad de captar la atención del público con nuestras palabras y mantenerlo abismado con nuestra elocuencia, y sin embargo

100

al mismo tiempo careciéramos de amor, nuestras palabras serían vanas, inútiles y sin sentido. Sin amor, no tenemos nada de valor para decir. Ninguna cantidad de talento de oratoria o habilidad lingüística puede sustituir al amor. Nuestra boca se mueve conforme los sonidos emergen, pero todo lo demás cae al suelo si falta el amor.

Efesios 4:14-15 nos anima a hablar la verdad en amor. La verdad sin amor es cruel, en el peor de los casos, o vacía en el mejor de ellos. Si confronto a alguien con palabras y no lo hago debido al amor, no debería sorprenderme que la persona resulte lastimada antes que sanada. La confrontación sin amor no ayuda a nadie. Si intento confrontar a alguien que sufre sin que el amor sea mi motivación, mis palabras causarán más aflicción que si simplemente me hubiera mantenido lejos. El consuelo vacío no engaña a nadie. Y si trato de instruir a las personas, sin que el amor sea mi guía, ellas resistirán cualquier aplicación de los principios, por válidos que sean. Me oirán sólo por lo que soy: un engreído, arrogante e intelectual. La instrucción académica no cambia a nadie.

La segunda afirmación de Pablo mide el valor del amor en contra del talento y la madurez espiritual. Note los dones y capacidades espirituales que menciona:

Profecía, o sea la capacidad de decir las palabras de Dios y predecir sus obras.

Omnisciencia, o sea, completo conocimiento de todas las cosas, incluyendo la mente de Dios.

Fe, es decir, tal unidad con Dios como para lograr lo físicamente imposible.

Si tuviéramos esa clase de madurez espiritual, seríamos como Cristo, ¿verdad? Podemos esgrimir los poderes del Dios todopoderoso, y sin embargo si no poseemos la cualidad singularmente definidora que es el amor, somos nada. Piénselo: ¡nada!

Entonces, tal vez pensando en la dádiva de Cristo para nosotros, la tercera afirmación de Pablo mide el amor contra la vida de sacrificio y martirio. El desprendimiento que da de comer al hambriento, que aloja al indigente, que cuida al enfermo, que promueve una gran causa, incluso el altruismo al punto de la muerte no logra nada si carece del amor. ¿Recuerdan el conmovedor relato del Dr. Phil Littleford y su hijo, Mark? Quite el amor de ese relato, ¿y qué queda? Vanidad, necedad, algo tan extraño con lo que ni siquiera podemos identificarnos.

LA NATURALEZA ESPECIAL DE *AGAPE*

La palabra que Pablo usa no menos de nueve veces en este capítulo es *agape*—que rara vez se halla fuera de la Biblia—probablemente porque el significado es único a la clase de amor que experimentamos con Dios. Los griegos tenían la palabra *eros*, que es el amor intoxicante, impulsivo, entre un hombre y una mujer; y la palabra *filos*, que es el afecto cálido y noble de profunda amistad. Pero *agape* era un término que se usaba rara vez y se lo entendía mal. El sesudo *Theological Dictionary of the*

New Testament [Diccionario teológico del Nuevo Testamento] contrasta el significado de *eros* y *agape* de esta manera:

Eros	Agape
• un amor general del mundo que busca satisfacción siempre que puede.	• un amor que hace distinciones, escogiendo y manteniendo a su objeto.
• determinado por un impulso más o menos indefinido hacia su objeto [él o ella].	• un acto en libre y decisivo determinado por su sujeto [nosotros].
• en su sentido más alto se usa de la impulsión interna del hombre, de su amor por lo divino.	• se relaciona en su mayor parte al amor de Dios, al amor del más alto elevando al que está más abajo, elevando a que está más abajo por encima de los demás.
• busca en otros la satisfacción del hambre de su propia vida.	• se debe traducir a menudo "mostrar amor"; es un amor que da, activo, a favor de otros.[3]

Pocos lo dicen mejor que el Dr. Ron Allen en su nota al pie de la página en la *Nelson Study Bible* [Biblia Nelson de Estudio]:

> Esta palabra, *agape*, describe un amor que se basa en la decisión deliberada del que ama antes que por la valía del amado. Esta clase de amor va en contra de la inclinación natural humana. Es una clase de amor que da, desprendido, y que no espera nada en pago. ...
>
> Nuestra sociedad moderna "desechable" nos anima a librarnos en nuestras vidas de las personas con quienes es difícil llevarse, sea que sean amigos, familia o conocidos. Sin embargo esta actitud está en completo contraste con el amor que describe Pablo. El verdadero amor aguanta a la gente respecto a la cual sería fácil darse por vencido.[4]

EL AMOR EN ACCIÓN

Todo matrimonio necesita una dosis saludable de *eros*: un apetito apasionado, emocional, hasta lujurioso de uno por el otro. Pero esa no es la clase de amor que mantiene a la pareja junta ... a largo plazo. En tanto que *eros* es un misterio que evoca buenas sensaciones, *agape* es una decisión que revela buen carácter. En 1 Corintios 13:4-7 Pablo nos da más de una docena de características de *agape*, el pegamento esencial que toda pareja casada necesita.

Algunas de las características se indican positivamente ("el amor es ..."), en tanto que la mayoría se expresa negativamente ("el amor no es ..."). Cada descripción merece que se la note por

104

sí misma al evaluar la fuerza y calidad de su amor por su cónyuge. Conforme las examinamos, le presento el reto que usted se haga a sí mismo dos preguntas con cada característica. Primera: "¿Cómo me va en este aspecto?" Segunda: "¿Cómo cambiaría la conducta de mi cónyuge si mi amor incluyera esto?"

El amor es paciente y bondadoso (v. 4)

En español usamos el dicho "de mecha corta" para describir a alguien que se enfada fácilmente o tiene una personalidad volátil. Uno nunca sabe qué hará que esa persona estalle. El término griego que se usa en este versículo es *macrotzumia*, y es una palabra compuesta. De una palabra antigua similar a *tzumia* obtenemos nuestra palabra *termómetro*. Lleva la idea de calor o, en este caso, pasión, ardor o ira. El prefijo es *macro*, que es lo opuesto de *micro*. El amor es "sufrido." El amor tiene una mecha larga. Un escritor describe *macrotzumia* como "la capacidad de sufrir la ofensa y no desquitarse."[5] El amor es paciente. ¿Cómo le va a usted en cuanto a la paciencia? ¿Cómo cambiaría la conducta de su cónyuge si su amor fuera más paciente?

El amor también es benigno o bondadoso. En nuestra era de fuego rápido nos hemos olvidado de cómo ser amables. Jesús usó una forma de esta palabra para describir el vino que se ha añejado y suavizado (Lucas 5:38-39) y para describir el servicio del discípulo a él. Jesús dijo:

> Venid a mí todos los que estáis trabajados y cargados, y yo os haré descansar. Llevad mi yugo sobre vosotros, y aprended

de mí, que soy manso y humilde de corazón; y hallaréis descanso para vuestras almas; porque mi yugo es fácil, y ligera mi carga (Mateo 11:28-30).

La palabra que Pablo usa para describir al amor aquí se deriva de la palabra que Jesús usó, y que se traduce "fácil" en este pasaje. Amor de esta calidad es "servicial," "útil," "adaptado para su propósito," "bueno, de su bondad."[6] A. T. Robertson lo llamó "gentil en conducta." Esta no es una palabra teológica, sino que es la clase de amor de Jesús.

Piense en una persona que es moderada, que no se encrespa fácilmente, alguien que es a la vez fuerte y gentil. ¿No es agradable estar con personas así? Uno se siente seguro y tranquilo en su presencia. Tiene un amor que es paciente y bondadoso.

El amor no es celoso ni arrogante (v. 4)

Piense de estos dos términos en contraste con "paciente y bondadoso."

Primero, el amor no es celoso. Pocas cosas enfrían a un cónyuge más rápido que una actitud de suspicacia, inseguridad, y protección asfixiante. El celoso se preocupa primeramente por sí mismo, y eso es exactamente lo opuesto de *agape*. En lugar de ser paciente, el cónyuge celoso intensamente persigue lo que quiere, aun al extremo de controlar al otro.

Segundo, el amor no fanfarronea, que es la preocupación principal del arrogante. El arrogante tiene una preocupación exclusiva: él mismo. Pablo seleccionó una palabra griega en particular que suena tal como es. Es la palabra *fusio*. Significa "soplar, hinchar, inflar." El verbo viene de un sustantivo que significa "fuelles." Hace años toda chimenea tenía cerca un artefacto parecido a un acordeón. Si las llamas se reducían a brasas, alguien empuñaba el fuelle, separaba los mangos de manera para llenarlo de aire, y luego unía rápidamente los mangos. El resultado era un largo chorro de aire que avivaba las brasas moribundas y las que encendía de nuevo.

Todos hemos estado junto a alguien así. Los mangos se separan mientras él o ella se hincha, y luego se aprietan y sale un largo resoplido de *yoooooooooooooo*. Tal vez usted ha notado que nunca inspira admiración. Si acaso, el resoplido del arrogante sólo atrae más crítica. Como la ballena madre advirtiendo a su cría: "No subas allá ni soples tan fuerte. ¡Allí es cuando te pueden arponear!"

Por otro lado, qué agradable sorpresa es estar con individuos que son bien conocidos, talentosos, y que se los busca, pero que nunca hacen exigencias o esperan tratamiento especial. Cynthia y yo tenemos un viejo amigo que dejó su anterior carrera para trabajar como gerente de administración de una pequeña universidad bíblica. Cuando Joe empezó a aprender el teje y maneje de su nuevo empleo, él y el liderazgo de esa institución decidieron que un buen programa atlético ayudaría a poner a la institución en el mapa. El fútbol estadounidense requería mucho más dinero del que podían invertir, así que escogieron el baloncesto. El Señor pareció afirmar esa decisión enviando, virtualmente de la nada, a un hombre creyente que también era un entrenador muy talentoso. Reclutar jugadores de primera clase sin el prestigio de una institución de nombre bien conocido o dinero para becas sería su próximo desafío.

Un día sonó el teléfono y una voz en el otro extremo de la línea dijo: "Entiendo que usted es el gerente de administración. Nunca nos hemos conocido. Me llamo John."

Después de los saludos de cortesía, el hombre continuó: "He sido aficionado al baloncesto por largo tiempo, y oigo que a usted le gustaría organizar un equipo. Pienso que es maravilloso. Quiero a esa institución y la he observado crecer desde casi la nada. A decir verdad, conozco a su nuevo entrenador, y también conozco a un jugador muy talentoso que quisiera que conozcan. Él podría fácilmente llegar a ser un jugador seleccionado de la nación, a mi juicio, pero por alguna razón los reclutadores lo han pasado por alto. Yo podría arreglar una reunión, si ustedes quisieran hacerlo."

Por supuesto, Joe aceptó. Acabaron reclutando al joven junto con dos de sus amigos. Ésa combinación les dio un equipo ganador casi inmediatamente. Algún tiempo más tarde Joe empezó a preguntarse quién sería John. Su llamada había hecho posible todo. Así que hizo alguna investigación, sólo para descubrir que John, en que le había llamado, era John Wooden, el entrenador de los Bruins de la UCLA, seis veces elegido como entrenador del año por la NCAA, ¡que llevó a sus equipos a diez victorias de campeonato nacional en doce temporadas! ¿Su presentación? "Hola. Me llamo John. He sido aficionado al baloncesto por largo tiempo."

Tenga presente que *agape* es amor humilde. Si amamos a nuestros cónyuges con esta clase de amor, nos preocuparemos más por servirles y ayudarles antes que por inflarnos nosotros mismos. El amor no es arrogante.

El amor es encantador (v. 5)

Pablo dice: "[El amor] no hace nada indebido, no busca lo suyo." La expresión "indebido" describe a alguien que es rudo o grosero, alguien sin clase o decoro. En el sentido positivo, el amor tiene tacto, es cortés; yo usaría la palabra "encantador." El diccionario define encantador como "extremadamente agradable y delicioso."[7]

El amor encantador recaba lo mejor de otros. Howie Stevenson, ministro de adoración por muchos años en la iglesia en que yo servía en Fullerton, California, me enseñó que a las personas se las encanta para la rectitud. Nunca he oído a nadie decir: "¿Sabes? Me asestó tremendo garrotazo en la cabeza con un bate de béisbol, y me di cuenta de que necesitaba ser más semejante a Cristo" o "Me trató como basura, y ahora quiero ver las cosas como ella las ve, y seguir a Jesús." ¡Por supuesto que no! La clase de amor que liga a las personas es un amor atractivo, encantador, que piensa más en los demás que en uno mismo.

Esto es importante porque a menudo queremos que la persona que amamos se comporte de cierta manera, lo que entonces influye en la manera en que nos comportamos hacia él o ella. Esta es la misma actitud egoísta contra la que Pablo advierte con las palabras "el amor no busca lo suyo." El amor por nuestros cónyuges procurará recabar lo mejor de ellos al dar sin condiciones ni expectativas.

El amor tiene la piel gruesa (v. 5)

Pablo usa dos descripciones negativas: "no se irrita," y "no guarda rencor." Otra versión traduce esto último como "no toma en cuenta el mal recibido." En otras palabras, el genuino amor no es frágil. *Agape* aplica montones de gracia a la relación; y deja abundante espacio para que el otro cometa equivocaciones. Cuando se vive en proximidad cercana a alguien por la mayoría de toda una vida, habrá mucho respecto a lo que uno tiene que hacerse de la vista gorda.

He visto hombres y mujeres que constantemente se irritan por sus cónyuges. El error más pequeño: una mirada equivocada, una palabra mal colocada, un simple desliz, causa explosiones en miniatura todo el día. Estos pequeños estallidos de irritación deben ciertamente ser el resultado de mantener a mano una larga lista de rencores. Pablo usa un término de contabilidad para advertirnos en contra de mantener un historial mental de malas obras. Cuando hacemos eso, nosotros somos los que perdemos. Warren Wiersbe escribe:

> Uno de los hombres más desdichados que he conocido era un creyente profesante que en realidad llevaba en una libreta una lista de las ofensas que él sentía que otros habían cometido en su contra. Perdón quiere decir que borramos la pizarra y nunca guardamos rencores en contra de la gente.[8]

La verdad es que podemos mantener una lista sin escribir nada o sin siquiera darnos cuenta. Si usted halla que su cónyuge le irrita por razones que usted debe admitir que son menores, lo más probable es que él o ella tienen algo en el lado equivocado de su libro de contabilidad. Bien sea, atienda su ira apropiada y rápidamente, o simplemente abandone el asunto.

El amor ama la verdad (v. 6).

Pablo entonces combina una declaración negativa con otra positiva para describir el papel de la verdad en una relación de amor. Permítame advertirle: las implicaciones de esta poderosa declaración van hondo.

> [El amor] no se goza de la injusticia, mas se goza de la verdad (1 Corintios 13:6).

Para Pablo *agape* es la intersección de la verdad, salvación y obediencia a Dios. Allí es donde su matrimonio y Cristo se encuentran.

Deténgase. Lea eso de nuevo lentamente y, preferiblemente, en voz alta.

Su amor por su cónyuge debe estimular la relación de amor de él o ella con el Señor Jesucristo. La justicia es una meta compartida porque individualmente es su llamamiento supremo como creyentes. Ambos están buscando la misma verdad porque el Autor de la verdad los llamó a sí mismo. Él es el que los dio el uno al otro como ayuda en la jornada de la vida. Por eso el amor y la verdad han sido compañeros inseparables desde antes del tiempo. *Siempre* van juntos. En donde se halla amor, se halla la verdad. Y cuando se busca el mayor bien del otro, la verdad es absolutamente esencial.

A veces, en su amor por su cónyuge, usted debe decirle la verdad, aunque esa verdad no sea agradable. La verdad puede ser algo que es difícil oír en cuanto a uno mismo, lo que exige todo el valor que se pueda reunir. Su confianza será puesta a prueba. Su cónyuge tal vez no responda con gracia. Pero para disfrutar una relación auténtica, su amor debe basarse en la verdad.

A veces la verdad será algo en cuanto a su cónyuge que tal vez el otro halle difícil de oír. Si usted arde con ganas de revelarlo, le sugiero que espere. Si se siente renuente, probablemente esté en mejor posición para aplicar el tacto y gentileza necesarios para ayudar a su cónyuge a descubrir una verdad difícil. Cuando se dice la verdad en amor, la sola motivación es el bien del otro, lo que significa que sus palabras estarán adornadas con paciencia y bondad.

En donde hay amor, hay transparencia y franqueza sin reservas, aun cuando la sinceridad no es fácil de expresar.

Los límites del amor (v. 7)

Para Pablo *agape* tiene límites como el universo tiene bordes. Él mide las dimensiones del amor en cuatro direcciones: paciencia, confianza, esperanza y aguante. Observe cómo él entreteje las cuatro hebras, formando un tapete de amor.

> [El amor] Todo lo sufre, todo lo cree, todo lo espera, todo lo soporta (1 Corintios 13:7).

Su amor protege la relación contra todo lo que pueda venirle encima. Su amor escoge confiar en su cónyuge y creer lo mejor de él o ella en medio de circunstancias desafiantes. Su amor expresa confianza en la fidelidad y bondad de su cónyuge a pesar de lo desesperanzadas que puedan parecer las cosas. Su amor escoge permanecer firme, optando por una vista a largo plazo por entre las dificultades a corto plazo. El perspicaz comentarista británico Alfred Plummer resumió este versículo bien cuando escribió: "Cuando el amor no tiene evidencia, cree lo mejor. Cuando la evidencia es adversa, espera lo mejor. Y cuando la esperanza repetidamente se ve desilusionada, con todo valientemente espera."[9]

CÓMO APLICAR EL PEGAMENTO

El amor, como el pegamento, tiene el potencial de producir una unión, pero sólo cuando se lo saca de su recipiente. Si quiere que algo se pegue, hay que aplicarle pegamento o goma. El amor auténtico es demostrativo. Lo que hemos descubierto hasta aquí ya es convincente lo suficiente; así que permítame mantener esto de forma sencilla con tres frases cortas. Son meramente un lugar para empezar.

Póngalo por escrito

Exprese su amor por escrito. Una página impresa por computadora o un correo electrónico es una expresión buena, de todos los días, y ciertamente le animó a que lo haga. Pero, en ocasiones, exprese su amor con su puño y letra. Dedique algún tiempo para pensar en su cónyuge y por qué lo ama o la ama, y luego escriba a mano una nota o una carta breve. Demasiado a menudo andamos de aquí para allá con pensamientos que, por alguna razón, nunca hallan expresión. Sin embargo, el impacto de esos pensamientos, por pobremente que se los ponga en palabras, puede ser sorprendentes.

Estaba en casa de algunos amigos cuando resultó que tuve que subir las escaleras. Casi al llegar a la parte superior, noté algo familiar colgado en el pasillo: ¡mi propia letra manuscrita! Yo había escrito una sencilla nota de agradecimiento a ellos por algo y expresado lo mucho que los quería … y para mi sorpresa, ¡ellos en realidad lo pusieron en marco! Ahora esa pareja me oye agradecerles y afirmarles cada vez que ellos suben por esas escaleras.

Algo más ocurre cuando dedico tiempo para escribir mis pensamientos con mi puño y letra. Al escribir la nota, recuerdo de nuevo lo mucho que amo a Cynthia, y todas las cosas que aprecio de ella, y por qué siempre quiero estar con ella. Conforme yo recuerdo, ella también lo recuerda, y la experiencia vuelve a agitar todas esas maravillosas emociones "de enamorados" que ahondan y enriquecen un matrimonio.

Lo más probable es que este hábito no brote naturalmente en usted. Está bien. No surge para la mayoría de nosotros, incluyéndome yo mismo. Esto es *agape*, amor que brota de lo más hondo de su voluntad, y no de las emociones. Dé a su amor expresión tangible. Notas escritas a mano son una maravillosa manera de empezar. Así que, *póngalo por escrito*.

114

Arriésguese a menudo

Sé que esto puede ser duro para algunos. A lo mejor usted tiene una larga historia de personas que se han aprovechado de su buena naturaleza y han pisoteado su corazón. Tal vez la idea de ser vulnerable lo suficiente como para amar sin reservas le parece demasiado arriesgada. Desdichadamente, no tenemos otra alternativa. El amor y el riesgo no se pueden separar. C. S. Lewis escribió algunas de sus palabras más memorables sobre el tema del amor en su obra *The Four Loves (Los cuatro amores)*:

> Amar en sí es ser vulnerable. Ama algo, y con certeza te retor-
> cerán el corazón y posiblemente te lo romperán. Si quieres
> estar seguro de mantenerlo intacto, no debes darle corazón a
> nadie, ni siquiera a un animal. Envuélvelo cuidadosamente
> en pasatiempos y pequeños lujos; evita todo enredo; enciérralo seguro en el ataúd o féretro de tu egoísmo. Pero en ese
> ataúd: seguro, oscuro, inmóvil, sin aire, cambiará. No te lo
> romperán; se volverá irrompible, impenetrable, irredimible.
> La alternativa a la tragedia, o por lo menos al riesgo de la
> tragedia, es la ruina. El único lugar fuera del cielo en donde
> puedes estar perfectamente seguro de todos los peligros y
> perturbaciones del amor es el infierno.[10]

Arriésguese a amar a su cónyuge sin reservas, sin requisitos ni condiciones. Usted ha sobrevivido a los sentimientos heridos en el pasado, y el Señor Jesús no permitirá que usted sufra más de lo que puede aguantar. El dolor es probable si escoge amar, pero una muerte en vida es cierta si no lo hace. Así que, ¿lo ve?

Realmente no tiene ninguna otra alternativa. Arriésguese. *Arriésguese a menudo.*

Hágalo ahora

Es fácil poner el trabajo en sustitución de la vida, y darnos nosotros mismos una palmadita en la espalda; es decir, hasta que algo amenaza nuestras vidas. Después de que el senador Paul Tsongas recibió el diagnóstico de cáncer, un amigo le escribió, respaldándolo en la decisión de no volver a postularse para ser reelegido. Haremos bien en recordar sus aleccionadoras palabras: "Nadie jamás dijo en su lecho de muerte: 'Quisiera haber pasado más tiempo en la oficina.' "[11]

No espere hasta mañana. A Satanás le encantaría arrullarlo a una avenencia que posterga y que siempre piensa que habrá tiempo suficiente mañana, o la próxima semana, o una vez que el gran proyecto quede terminado, o después de las que las cosas se calmen un poco, o … o … o … Créame, habiendo vivido más de setenta años, y cincuenta y uno de ellos casado, *nunca* habrá un tiempo más conveniente para amar a su cónyuge a la manera en que 1 Corintios 13 lo describe.

Así que, *hágalo ahora.* No espere a que las condiciones atmosféricas sean las apropiadas, ni espere que con menos tensión surja naturalmente, ni espere que las cosas se resuelvan por sí mismas una vez que esto o aquello quede resuelto. Como mis amigos de la clínica Minirth suelen decir: "El amor es una decisión."

Escoja amar a su cónyuge *ahora.*

Probablemente nunca se hallará flotando en aguas heladas, aferrándose a alguien que usted ama profundamente, enfrentándose a la pregunta: "¿Lo suelto y me salvo yo mismo, o escojo amar?" No; de maneras pequeñas, una docena de veces cada día, usted responderá a esa pregunta. Su próxima oportunidad viene pronto. Esté alerta por ella. Luego escríbalo, ... arriésguese ... hágalo.

Seis

Lo que las familias necesitan para prosperar

Cuando Edith Schaeffer, esposa del finado filósofo y teólogo Francis Schaeffer, decidió escribir su libro sobre el hogar, escogió un título que hacía una pregunta: *¿Qué es una familia?* Cada capítulo propone una respuesta. Algunos de ellos son: "El lugar de nacimiento de la creatividad," "Un refugio en tiempos tempestuosos," "Una transmisión perpetua de la verdad," "Un control educativo," y mi favorito, "Un museo de recuerdos."

Permítame preguntarle, mientras usted recorre los pasillos de su museo de recuerdos, ¿qué es lo que ve? ¿Belleza? ¿Tristeza? ¿Acaso las exposiciones traen a la memoria en su mayoría episodios de dolor, maltrato, tal vez incluso abandono o ultraje? Tal vez usted ve en su mayoría recuerdos de risa, y artefactos de una niñez alegre y de deleite. Dedique unos pocos minutos para volver a visitar su memoria. Hágalo ahora. Esto puede ser importante.

Carlos Baker, en su biografía de Ernesto Hemingway, nota que el legendario autor luchaba contra la ira, arranques de depresión, y alcoholismo. En sus últimos años Hemingway se volvió más vulnerable respecto a la verdad de la "furia negra" que a menudo sentía hacia su padre. De acuerdo a Baker:

> Ernesto mencionaba el galponcito para herramientas de jardín en el patio trasero en Windemere. Dominaba la escena en el sendero que el Dr. Hemingway a veces recorría mientras trabajaba con sus matas de tomate. Ernesto informó que cuando su padre le había castigado y él se sentía furioso, a veces se sentaba en la puerta abierta del galpón con su escopeta, enfocando en la mira la cabeza de su padre.[1]

Irónicamente, fue una escopeta lo que Ernesto Hemingway usó para quitarse la vida durante el prolongado delirio de sus días finales. ¡Qué recuerdos más oscuros que tenía!

Por otro lado, a Corrie ten Boom la moldearon los buenos recuerdos de su papá. Toda las noches, cuando ella se iba a la cama, él colocaba una mano sobre la cabeza de ella y oraba por ella, siempre terminando sus momentos juntos con las palabras: "Corrie: te quiero." Ella dijo que incluso los horrores del campo de concentración de Ravensbruck no pudieron borrar esos recuerdos. A veces era difícil cerrar sus ojos por la noche, habiendo visto sufrimiento y muerte todo el día. Pero ella hallaba paz imaginándose que la mano de su Padre celestial se posaba sobre su cabeza y le decía: "Corrie: te amo."

Los recuerdos son más que imágenes almacenadas en el desván o el sótano de su mente. Son parte del material de construcción de que usted está hecho. Son el plano según el cual usted inconscientemente construirá su nuevo hogar: *su* matrimonio, *su* familia. Y nada ejerce una mayor influencia en usted que la forma en que considera esos recuerdos, cómo los arregla y los interpreta, y cómo les permite que influyan en usted consciente o incluso inconscientemente.

Este es un libro sobre el matrimonio, pero no meramente eso. Mi preocupación global es más amplia; es por la familia, el núcleo de la cual es el vínculo marital. El matrimonio es invención de Dios, y él propuso que esta unión vitalicia, exclusiva, entre un hombre y una mujer llegue a ser el cimiento sobre el cual se edifica una familia. Estoy convencido de que un matrimonio fuerte cubrirá una multitud de dificultades en otros aspectos, mientras que un matrimonio que lucha socavará la mayoría de esperanzas de edificar una familia saludable. Es en parte por eso que yo animo a las parejas jóvenes, idealmente, a que le den a su matrimonio tiempo para solidificarse antes de tener hijos.

Cuando el contratista empezó la construcción de nuestra nueva casa, notamos que él fundió una losa de concreto, y luego esperó un tiempo antes de empezar a construir las paredes. El suelo de Texas es notoriamente veleidoso, expandiéndose y encogiéndose dramáticamente de acuerdo al aumento o reducción de la humedad. Así que él quería asegurarse de que el concreto había tenido tiempo de curar antes de añadir la tensión del equipo, montones de materiales de construcción, y el peso de las paredes y el techo.

Al considerar las características de una familia saludable, quiero que tenga en mente tres asuntos:

- cómo su familia original le ha preparado para su matrimonio (el pasado),
- cómo, consciente o inconscientemente, usted está repitiendo el patrón establecido por ese modelo original (el presente), y
- qué características quiere usted que definan su matrimonio y familia (el futuro).

CARACTERÍSTICAS DE UNA FAMILIA SALUDABLE

Volviendo a la pregunta original: ¿qué es una familia? decidí hacer lo que a menudo uno hace cuando quiere hallar el significado de una palabra. Abrí el diccionario y, lo confieso, quedé desilusionado. El diccionario Webster del inglés dice: "Un grupo de individuos que viven bajo un techo y por lo general bajo una cabeza; un grupo de personas que ancestro común."[2] Eso no es gran ayuda.

Para ser más meticuloso, desempolvé mi gigantesco y exhaustivo *Oxford English Dictionary* [Diccionario Oxford del inglés], busqué *familia*, saqué mi lente de aumento, y leí: "El cuerpo de personas que vive en una casa o bajo una cabeza, incluyendo padres, hijos, criados, etc."[3] Pues bien, ¡ése no fue el hogar de *mi* niñez! Hasta donde yo recuerdo, ¡yo era el criado! Tal vez eso encaje en la definición de Oxford, pero no nos describe a la mayoría de nosotros. Lo que sigue son mis propios pensamientos al empezar a desenredar este pequeño misterio. Vea lo que usted piensa.

La familia es donde echamos nuestras primeras raíces, en donde formamos nuestras impresiones más duraderas, en donde juntamos los bloques de construcción de nuestro carácter, en donde determinamos si veremos la vida por los ojos del prejuicio o de la aceptación. La familia es donde aprendemos a reírnos y donde es permitido llorar sin perder el respeto. La familia es donde aprendemos a compartir, cómo relacionarnos con otros, cómo tratar a otros. La familia es donde aprendemos cómo interpretar correctamente nuestro entorno. Es donde descubrimos, en términos prácticos, cómo trazar la línea entre el bien y el mal, entre lo bueno y lo malo. Las familias disfuncionales diluyen esa línea, y los límites se vuelven difusos. Las familias sólidas, seguras, tienen una clara noción de la diferencia de modo que sus miembros tienen muy poca confusión ética. Los dilemas morales serán un reto, pero las personas que proceden de familias saludables muy rara vez carecen de una noción clara de lo que es bueno y lo que es malo.

En lugar de descansar solamente en mis propias opiniones y mi propia perspectiva, hice algo de investigación entre varios expertos. Habiendo estudiado la obra de varias fuentes respetadas, compilé una lista de ocho características que describen a una familia saludable. Esta es una compilación de características que aparecen consistentemente en las listas de los que han pasado media vida trabajando en las trincheras con las familias: consejeros, psicólogos, psiquiatras, investigadores y escritores. Por cierto que no es una lista exhaustiva, pero son los rasgos más significativos de una familia saludable comunes según la mayoría de expertos que estudié.

Primero, *los miembros de la familia están comprometidos el uno al otro.* La familia, por consiguiente, es una unidad con los miembros dedicados a vivir sus vidas en respaldo el uno del otro con lealtad incuestionable.

Segundo, *pasan tiempo juntos.* Una familia sana, saludable, considera que el tiempo juntos no puede tener calidad sin suficiente cantidad.

Tercero, *disfrutan de comunicación abierta y frecuente.* Ninguna cuestión es irrelevante o inapropiada, no se denigra ninguna opinión, y no se considera ningún tema de límites. Los temas importantes, que determinan la vida, muy naturalmente se entremezclan con lo trivial.

Cuarto, *la familia se une internamente en tiempos de crisis.* Los miembros de familias sanas y saludables resuelven juntos las dificultades. Una crisis los acerca porque buscan fuerza dentro de la familia en lugar de buscarla afuera.

Quinto, *los miembros de la familia expresan a menudo afirmación y estímulo.* "¡Buen trabajo!" "¡Tienes mucho talento!" "¡Te admiro por eso!" "¡Significas mucho para mí!"

De paso, afirmación y estímulo son diferentes. Afirmamos lo que las personas son, en tanto que estimulamos lo que las personas hacen. Ambas cosas son importantes. Ambas son necesarias para ayudar a otros a descubrir lo que son y lo que hacen bien, y eso fomenta un fuerte sentido de seguridad personal. No nacemos con un sentido bien definido del yo; nos descubrimos a nosotros mismos por la influencia de otros que son importantes para nosotros; y nunca somos demasiado viejos como para descubrir más.

Sexto, *los miembros de la familia comparten un compromiso espiritual.* La familia es importante, pero no suprema. Los miembros de la familia se ligan en unidad por su común relación con Dios, y aprenden a cultivarla como resultado del estímulo mutuo.

Séptimo, *cada persona de la familia confía en los demás y valora la confianza que se ha ganado.* Esta confianza se edifica en el respeto mutuo y una dedicación a la verdad.

Octavo, *los miembros de la familia disfrutan de libertad y gracia.* Cada uno tiene la libertad de probar nuevas cosas, pensar diferentes pensamientos, abrazar valores y perspectivas que pueden ser nuevos para la familia, incluso cuestionar las maneras viejas de hacer las cosas; y todo esto se edifica sobre la gracia. Cada uno tiene la libertad de equivocarse, la libertad de estar completamente errado, la libertad de tener faltas y debilidades sin temor al rechazo o la condenación. En un ambiente basado en la gracia se mantiene al fracaso en perspectiva, de modo que los miembros de la familia tienen suficiente confianza para recuperarse, crecer y triunfar.

¿Cómo le suena eso? Al mirar hacia atrás, ¿qué tan bien le preparó su familia original para tener un matrimonio con estas ocho características? No estamos tratando de echarle la culpa de nadie, pero queremos hacer un inventario realista de la preparación que recibimos en el arte de edificar un matrimonio. Ninguna familia es perfecta, así que todos podemos mirar hacia atrás y hallar por lo menos una característica que no brotará naturalmente en nosotros debido a que nunca la vimos modelada, o que la vimos modelada pobremente.

Mirando a su familia de hoy, ¿qué características saludables e insalubres ha traído usted sin darse cuenta? Todos tenemos algo de bueno sobre lo que podemos edificar, así como también algunas cosas que necesitamos cambiar. Haga una evaluación honrada de su matrimonio tal como es hoy. Sin ser demasiado duro consigo mismo, ¿qué responsabilidad puede asumir por esas características que faltan en su matrimonio?

Al mirar al futuro, quiero escoger del libro de Efesios algunos puntos de acción que usted puede usar para transformar el ambiente de su familia. Le animo a que mantenga su enfoque en su matrimonio. Debido a que ese es el núcleo del hogar, cualquier cosa que usted haga para restaurar la salud y fortaleza de su matrimonio naturalmente restaurará lo que está trastornado en otras relaciones personales. Si todavía no tienen hijos, esto hará para ellos un nido confortable en el cual empezar bien la vida. Si ya tiene hijos, los cambios que haga en su matrimonio afectarán el resto de la familia más rápida y dramáticamente de lo que usted piensa. Y si planean no tener hijos, su matrimonio puede ser un lugar cálido, hospitalario, en donde su familia extendida y amigos hallarán refugio.

CÓMO EDIFICAR SU MATRIMONIO CON MATERIAL NUEVO

En los tres últimos capítulos de Efesios hallo por lo menos una media docena de pautas que transformarán su matrimonio, dándole a su familia lo que necesita para prosperar. Ya he mencionado antes algunas, así que seré breve. Otras requerirán más explicación, principalmente para aclarar algunas nociones falsas que han corrompido el mensaje de esta maravillosa carta sobre la unidad.

Busque la verdad

> Por lo cual, desechando la mentira, hablad verdad cada uno con su prójimo; porque somos miembros los unos de los otros (Efesios 4:25).

Este es un principio vital que no se puede recalcar demasiado. Las relaciones personales se edifican sobre la confianza, y la confianza se edifica sobre la verdad. Mientras más se miente, se evade la franqueza, o se esconde detrás de una imagen falsa, más se debilita la relación personal. A menudo quedo perplejo al notar cuántas parejas se mienten el uno al otro, o cuántas relaciones personales se cultivan con el engaño. En el proceso de asesorar a una pareja, un hecho o un punto de vista brotará de uno de los cónyuges para aturdimiento completo y total del otro. Las bocas se abren y una mirada relampaguea del uno al otro acompañada por las palabras: "¡Yo no sabía eso!" ¿Por qué no lo sabía? Para decirlo sin ambages, porque el cónyuge miente o no declara toda la verdad. Ambas cosas son letales para el matrimonio.

Ejerza dominio propio y cortesía.

> Ninguna palabra corrompida salga de vuestra boca, sino la que sea buena para la necesaria edificación, a fin de dar gracia a los oyentes. ... Quítense de vosotros toda amargura,

enojo, ira, gritería y maledicencia, y toda malicia. Antes sed benignos unos con otros, misericordiosos, perdonándoos unos a otros, como Dios también os perdonó a vosotros en Cristo (Efesios 4:29, 31-32).

Ya por muchos años he dicho que el amor sin la verdad es un engaño, y la verdad sin amor es cruel. El amor y la verdad muy naturalmente van juntos. Desdichadamente, la lengua puede rápidamente destrozar lo que el amor tan cuidadosamente edifica. Así que permítame destacar unos pocos términos en estos versículos.

Ya expliqué en un capítulo anterior que la palabra que se traduce "corrompida" significa podrida o pútrida, lo que implica que cierta forma de hablar ejerce un efecto contaminante en el otro. Es como poner un pedazo de carne podrida en el sándwich de su cónyuge, o cocinar para él o para ella una tortilla de huevos contaminada con salmonella. ¿Por qué va uno a querer destruir la salud interna de alguien a quien se quiere tanto? Sin embargo eso es lo que la crítica, los insultos, los comentarios derogatorios, el sarcasmo, las peleas y las palabrotas hacen a su cónyuge y a otros.

Esa forma de hablar por lo general surge de actitudes agrias como la amargura, el enojo, la ira, la gritería, la maledicencia y la malicia. La palabra griega que se traduce "amargura" originalmente quería decir algo agudo o puntiagudo como una flecha. Tiene las mismas connotaciones que le asignamos en español. "Alejen de ustedes toda mordacidad." Es una palabra que describe un espíritu que rehúsa reconciliarse debido a resentimientos largamente guardados. Cada ofensa que se guarda es como una espina de puerco espín: mientras más de ellas tiene uno, más injurioso se hace para otros, aun cuando no tenga la intención de serlo.

El enojo y la ira van juntos, pero no son lo mismo. La palabra que se traduce "enojo" tal vez se traduciría mejor como "furia," refiriéndose a arranques de cólera desenfrenada, gritos y rabietas. La ira es prima hermana de lo anterior, pero sin la impulsividad del furor. Esto sería más bien una actitud enfurruñada, hostil, que actúa en forma más premeditada y deliberada.

Gritería traduce una palabra griega que quiere decir "vociferar o gritar con voz fuerte y ruidosa."[4] La gritería incluye los insultos y frases sarcásticas denigrantes que se expresan en forma hiriente. Cuando veo a un cónyuge lanzar pullas sarcásticas contra otro en una reunión pública, supuestamente en son de broma (a costa del otro), veo un matrimonio que se dirige a problemas.

Del lado positivo, en el versículo 32 vemos las palabras "benignidad," "misericordia" y "perdón." Para indicar el principio, yo usé la palabra *cortesía*. La cortesía es algo que por lo general extendemos a los extraños, ¿verdad? Dejamos a un lado la cortesía con las personas más cercanas a nosotros porque, supuestamente, ya hemos pasado de esa etapa en la relación personal. Podemos darnos el lujo de ser "reales" unos con otros, a menudo oímos. Desdichadamente, muchos quieren ver "real" y "grosero" como sinónimos cuando se trata de sus cónyuges. La próxima vez que su cónyuge haga algo que lo irrita y un aluvión de palabras hirientes se acumulen en la cartuchera de su mente, deténgase y mentalmente descárguela mientras se pregunta: "¿Cómo respondería yo a un invitado en mi casa si él o ella hicieran lo que mi cónyuge está haciendo ahora?" Esa es la cortesía que debermos extendernos unos a otros diariamente.

Aprenda a cooperar y a adaptarse

Someteos unos a otros en el temor de Dios (Efesios 5:21).

Este versículo, originalmente escrito a miembros de una iglesia, viene pisándole los talones a varios mandamientos. "Sean llenos del Espíritu" (v. 18), "hablen entre ustedes con salmos, con himnos y cánticos espirituales" (v. 19), "den siempre gracias por todo" (v. 20). Entonces aparece este mandato; y no soslaye la motivación: "en el temor de Dios." "Temor," en este sentido, quiere decir ser motivado por un respeto reverencial.

Sumisión es una palabra difícil de usar en la cultura de hoy, porque la idea de servidumbre es inconcebible. Sin embargo, Jesucristo, el supremo Creador del espacio, tiempo, tierra y todo lo que hay en ella no tuvo problemas con sujetarse a servidumbre, y nos llama a hacer lo mismo. Pero, repito, no queremos estar en servidumbre a nadie, mucho menos a todos aquellos que pensamos que nos deben todo esfuerzo para hacernos felices. (Los efectos de la caída están vivitos y coleando en los matrimonios). Con todo, la sumisión tiene todo que ver con el amor y nada que ver con jerarquía en el reino de Dios, en la iglesia, y especialmente en el hogar.

Sumisión es la disposición para cooperar con los que amamos y adaptarnos a las necesidades y deseos de ellos. Note que la sumisión es mutua: "Sométanse los unos a los otros." Esa sumisión toma diferentes formas, dependiendo de la situación y la relación; así que no hay reglas rígidas para la sumisión; sólo un espíritu que coopera y se adapta a las necesidades de la situación y la persona involucrada.

En el versículo 22 a las esposas se las anima a hacer de esta cooperación y adaptación a sus esposos una parte regular de su relación con Dios. Desdichadamente, la cultura de Éfeso y mucho del mundo que la rodeaba veía a la mujer como objeto para usar, poco más que artículo de propiedad. Atesorada por algunos, de seguro, pero con todo propiedad del hombre. Las mujeres en ese día tenían casi ninguna otra alternativa que "estar sujetas." Así que el deseo de Pablo fue elevar la cuestión de sumisión para las mujeres de la subyugación meramente legal para darle la dignidad de semejanza a Cristo que merece.

Al parecer Pablo quería pisar tan de puntillas en este asunto que dejó el verbo fuera de la oración gramatical, prestando el concepto de la oración previa. El griego dice, literalmente: "Esposas, a sus propios esposos, como al Señor." Debido a que el concepto de sumisión es tan completamente cristiano, él no veía necesidad de cambiarlo para las mujeres, escogiendo más bien dar la idea de su enfoque apropiado. La cuestión era muy diferente para los hombres, sin embargo. Recuerde que el concepto de sumisión es mutuo. Tanto a los esposos como a las esposas se les ordena cooperar y adaptarse unos a otros. (Si usted es esposo, ¡lea eso de nuevo!) Sin embargo, las mujeres pueden luchar con un aspecto de esta adaptación, en tanto que los hombres pueden luchar con otro. Esto da paso al siguiente punto de acción.

Demuestre amor como el de Cristo

> Maridos, amad a vuestras mujeres, así como Cristo amó a la
> iglesia, y se entregó a sí mismo por ella (Efesios 5:25).

Esto era, para la gente de esa cultura, algo completamente
revolucionario. La evidencia histórica muestra que los hombres
de ese tiempo y lugar, tal como aquí y ahora, amaban a sus
esposas con profunda convicción y genuina emoción. La carica-
tura del ogro hiriente, descariñado, tratando a su esposa como si
fuera ganado no tiene base en la historia. Sin embargo, el amor
era más típicamente el *eros* apasionado y de gratificación propia,
o tal vez a veces el *filos* leal y noble. Sin embargo, adivine cual
palabra escogió Pablo.

¡Tiene razón! Él escogió *agape*, la clase de amor que Cristo
demuestra y exige. El amor semejante al de Cristo es por naturaleza sumiso. En la cultura griega y romana centrada en el
hombre el mandato de que el hombre ame a una mujer como
a su propia carne elevaba el valor de la mujer al de un igual, ¡si
acaso no superior! Digamos las cosas tal como son, las mujeres a
veces luchan contra el menosprecio de sí mismas, pero nosotros
los hombres típicamente sufrimos de la aflicción opuesta. Hay
ciertamente excepciones, pero pocos hombres no se aman a sí
mismos lo suficiente. Para los hombres, amar a alguien sacrifica-
damente, como Cristo amó a su iglesia, es sumisión.

Permítame decir intrépidamente una observación y decir tan
claramente cómo puedo lo que considero que es la noción bíblica
de los hombres y mujeres en el matrimonio. El liderazgo en el
hogar descansa en el esposo, haciendo esta cuestión del amor

desprendido algo primordial. Si los hombres toman la iniciativa para demostrar amor como el de Cristo—deber que tan rápidamente descuidamos—todos los aspectos de la vida en que nos sentimos tan obligados a dominar se deleitarían al descansar en nuestro liderazgo. Rara vez he visto a una mujer a la que se haya amado "como Cristo amó a la iglesia" que haya tenido alguna dificultad para adaptarse y cooperar con su esposo. Cuando hay problemas en este aspecto, más a menudo que no, he hallado que la cuestión era el esposo; no siempre, pero por lo general. Esta clase de amor inspira en otros adaptación y cooperación.

Estos dos principios, de paso, son dos lados de la misma moneda, y no son exclusivos de ninguno de los dos géneros. Como seguidores de Jesucristo, debemos caracterizarnos por la sumisión mutua y el amor desprendido, tal como Jesús lo fue. Pablo dijo que esto promoverá la unidad en la iglesia. Deténgase lo suficiente para imaginarse cómo estos principios podrían transformar su matrimonio.

Muestre respeto por la autoridad

Hijos, obedeced en el Señor a vuestros padres, porque esto es justo (Efesios 6:1).

¿Hasta cuándo un hijo es un hijo? Ciertamente cualquiera que vive bajo el techo de sus padres califica, así que debe brindar el respeto debido. Pero, ¿qué sucede cuando el hombre o la mujer "deja" a la familia original a fin de unirse a un cónyuge y establecer una nueva familia? Ya dije anteriormente que el término

griego para "dejar" más a menudo se traduce "abandonar."
¿Cómo cambia entonces la relación entre padre o madre e hijo o
hija? ¿Qué permanece?

Pablo tenía por lo menos seis términos griegos entre los
cuales escoger, y él escogió un sustantivo que se deriva del verbo
"soportar." Esto se aplica a todo el que ha nacido de otra persona.
Levántese la camisa, eche un vistazo a su barriga un poco más
abajo de la cintura, y si ve un ombligo, esto lo incluye a usted. El
mandamiento significa, literalmente, "escuchar, prestar atención,
atender a."

Para el hijo o hija que todavía vive bajo el techo paterno, esto
tiene una aplicación literal y directa: *haz lo que se te dice*. Una vez
casado, la relación cambia; sin embargo el respeto no cambia.
Los padres dejan en libertad al hijo o hija para que se una a
su cónyuge y esté sujeto a él o ella, y ya no tienen la autoridad
en el sentido anterior. Más bien, el padre o madre se convierte
en un mentor, fuente de sabiduría, un guía. Desdichadamente,
veo demasiados jóvenes y señoritas casados que echan al viento
este mandato de respetar a sus padres y, más bien, muestran un
irrespeto increíble a su mamá y a su papá. Esto no solamente es
insolencia; sino que es absolutamente necio. Es más, dice mucho
en cuanto a cómo respetan a la autoridad en general.

Me encanta cuando veo a una joven pareja que se casa, y
cada uno asume un papel activo para cultivar la relación entre su
cónyuge y sus parientes políticos. La pareja se mantiene unida,
dependiendo el uno en el otro, buscando dentro del matrimonio
el respaldo y enriquecimiento emocional, y sin embargo ambos
permanecen abiertos para recibir el consejo de sus padres. Son

adultos, así que toman sus propias decisiones, pero no consideran la sabiduría paternal como un entrometimiento. Lo reciben con gracia y prestan atención al consejo sabio cuando es apropiado.

Mostrar respeto por los padres ayudará a formar un matrimonio pacífico. Cuando uno o ambos cónyuges luchan con cuestiones de autoridad, el conflicto entre ellos es inevitable. El respeto por los padres se traduce en respeto al jefe, respeto por la ley, respeto por el liderazgo de la iglesia, y en última instancia respeto al Señor Jesucristo. Debido a que cada cónyuge tiene cierta cantidad de autoridad sobre el otro, las cuestiones de autoridad pronto los dividirán.

Manténgase fuerte contra el enemigo real

> Por lo demás, hermanos míos, fortaleceos en el Señor, y en el poder de su fuerza. Vestíos de toda la armadura de Dios, para que podáis estar firmes contra las asechanzas del diablo (Efesios 6:10-11).

Las dificultades maritales pueden venir disfrazadas de muchas maneras diferentes, pero usted puede saber con certeza que detrás de todas ellas está un adversario muy activo y agresivo que quiere que usted fracase. Él se entromete en su hogar sin que lo inviten, busca una oportunidad, y entonces se aprovecha de cualquier debilidad que pueda hallar.

Hace años una miembro de la iglesia me contó de un escalofriante encuentro en un avión. Cuando sirvieron la comida, ella notó que el hombre que estaba a su lado no comió la suya.

Mientras todos los demás comían, él periódicamente agachaba su cabeza y cerraba sus ojos, al parecer en oración. Cuando las auxiliares de vuelo recogieron las bandejas vacías, él entregó la suya sin tocarla.

Mi amiga le dijo: "Noté que usted estaba orando. ¿Es usted cristiano?"

El respondió: "No; en realidad, soy satanista. Nuestro cubil espera ver que los matrimonios de cien dirigentes cristianos fracasen este año. Estamos ayunando y orando a Satanás con ese propósito."

Allí está el verdadero enemigo. Usted tal vez piense que sus problemas solamente son un pasado trágico, dificultades financieras, excesivo equipaje emocional, parientes políticos entrometidos, hijos rebeldes, mala comunicación, un cónyuge que no se somete, y todo lo demás. Todos esos desafíos son significativos por cuenta propia, y no quiero sugerir que Satanás está detrás de cada dificultad. Sin embargo, Satanás se aprovechará de cualquier oportunidad que usted le permita. Incluso él usa la mejor de nuestras intenciones y nuestras buenas obras. Como un perspicaz escritor dice:

> Satanás no se acerca al creyente para tentarle al mal transparente. Pensar que Satanás nos atacará en nuestros puntos fuertes desafía todo buen sentido. No; más bien que nos tentará en los puntos más débiles de nuestras defensas y en donde nos hemos olvidado de sus capacidades. Él no montará un ataque directo contra nuestros puntos fuertes.

Él buscará nuestras vulnerabilidades, los lugares en que no pensamos que se necesiten defensas.

Por ejemplo, Satanás no le tentará a que usted deteste a su familia; le tentará a que descuidadamente permita que sus buenas obras consuman su tiempo hasta que esté sirviendo a Cristo cinco noches por semana. El resultado para su familia será el mismo como si los aborreciera. ¡Misión cumplida!⁵

Así que, ¿cómo combate usted esta amenaza? De dos maneras: oración persistente y alerta persistente.

> Orando en todo tiempo con toda oración y súplica en el Espíritu, y velando en ello con toda perseverancia y súplica por todos los santos (Efesios 6:18).

Satanás es poderoso, pero no es omnipotente, ni omnisciente ni omnipresente. Él está principalmente limitado a las oportunidades que usted le concede. Recuerde siempre: el arma principal que usa es el engaño. La oración es su primera defensa. Ore pidiendo una clara visión de cómo marchan las cosas en su familia, las dificultades que su cónyuge está enfrentando, y los cambios que sus hijos están atravesando. Luego ore por cada miembro específicamente y por nombre. Presente ante el Señor Jesús las cosas que ellos están atravesando; y en lugar de ponerse frenético o afanarse hasta la ansiedad, ore.

Segundo, permanezca vigilante o "velando en ello con toda perseverancia." Preste atención, observe las señales, escuche con sensibilidad, vea cuando no se dice nada, concentre toda su atención en los que ama. Preste atención a las actitudes, descubra cuáles son las luchas de su cónyuge. Use su observación para mantener abiertas las líneas de comunicación con su cónyuge. Sea el refugio al que cónyuge puede retirarse y descargar todas las preocupaciones y cuidados sin que usted sienta la necesidad de darle consejo o arreglarlo. Luego comprométase a orar como pareja.

Atender las dificultades prontamente es su mejor defensa contra su adversario. No permita que pasen sin atenderlas.

Al repasar los recuerdos de su familia original y echar un vistazo sincero al matrimonio que está edificando ahora, ¿qué ve? Lo más probable es que usted esté repitiendo algunos patrones que halló desagradables. Extraño, ¿verdad? Sin embargo, muy común. Felizmente usted tiene ahora un nuevo patrón para seguir. Directo de las páginas de la Biblia hay una lista de valores de familia que garantizan convertir su matrimonio en la exposición de apertura de un museo maravilloso de recuerdos.

Siete

Señales de peligro de erosión marital

❦

$\mathcal{L}$os ciudadanos de una pequeña población justo al norte de Pittsburg pusieron gran cuidado en el diseño y construcción de un flamante edificio de ladrillo rojo que alojaría el departamento de policía y otras oficinas municipales. La arquitectura y la ingeniería fueron sólidas, la mano de obra excelente, y el espíritu de todos se remontó a las alturas en la ceremonia de cortar la cinta mientras los pobladores celebraban la apertura de su elegante edificio.

Pasados un par de meses alguien en la oficina frontal notó que necesitaba un poco más de esfuerzo para abrir una ventana. Pronto ya no podía cerrarla por completo. La conversación junto al bebedero confirmó que ella no era la única. Otros tenían problemas con puertas que se arrastraban y grietas que se estaban abriendo aquí y allá. A poco, una grieta notoria en la pared de ladrillo externa corría por entre la mezcla hasta dos pisos más arriba. Poco después, se cayeron unos pocos ladrillos, y se hizo claro que toda la estructura estaba desbaratándose. A la larga, las autoridades tuvieron que condenar el edificio que había sido el orgullo de la comunidad.

Una investigación confirmó lo que había estado sucediendo en otras estructuras del sector. Varios edificios históricos estaban empezando a derrumbarse después de haber estado firmes por cien o más años. Resultó que la culpa era un proceso controversial de una mina de carbón llamado minar a pared larga, muy adentro de la tierra por debajo de los cimientos. Se habían extraído múltiples toneladas de suelo subterráneo, piedras y carbón, dejando al nuevo edificio descansando sobre un cimiento que no tenía un apoyo confiable. Debido a esta erosión hecha por el hombre, el edificio literalmente estaba hundiéndose.

La erosión siempre cobra un precio serio. Puesto que trabaja en silencio, lenta, sutil y tan persistentemente, presenta un peligro insidioso mientras destruye lo que la gente con tanto cuidado construye.

Lo que le sucede a un edificio puede sucederle a una vida. Empezamos recibiendo la dádiva de la salvación que nos da Cristo, reconociendo que él llevó la pena de nuestro pecado, y confiando sólo en él para la vida eterna. Nos sometemos a su liderazgo y a su autoridad sobre nuestras vidas, y empezamos a edificar nuestras vidas alrededor de sus principios. Sin embargo, con el correr del tiempo las grietas empiezan a formarse debido a defectos de carácter y malas decisiones, que otros ni sospechan ni notan. y que nosotros ignoramos. Un acomodo aquí, un desliz allá, un poco de contaminación tolerada en un aspecto de la vida, seguida de otro poco. Antes de que pase mucho tiempo, toda la estructura se halla al borde del completo colapso. Erosión.

El mismo tipo de proceso que derriba un edificio o destruye una vida cristiana puede reducir a un matrimonio a escombros junto con la familia que se ha edificado alrededor de él. Después de más de cuatro décadas de presenciar los votos de parejas emocionadas y esperanzadas, he visto esto sucederse más veces de las que puedo contar. Todos esos matrimonios empiezan fuertes con dos personas comprometidas a Jesucristo. Repiten votos significativos ante el Señor Jesús y una reunión de testigos. Empiezan sus vidas juntos con Cristo en el centro de su matrimonio. Disfrutan de una armonía y romance que en un tiempo sólo soñaban. Todo es muy bueno; ellos dirían que es grandioso.

Después de la luna de miel la realidad vuelve conforme la vida se abre paso. También lo hace el proceso de la erosión: ajetreo, demandas, fechas límites, facturas, presiones, peleas triviales y desencantos. Luego vienen los hijos y sus implacables necesidades, sus muchas actividades, y su demanda todo consumidora de nuestro tiempo y atención. A veces me río para mis adentros cuando oigo que una pareja que está atravesando dificultad marital dice que han decidido que tal vez el tener un hijo les ayudará. Créanme, no me río debido a que sea divertido.

Nada de esto es nuevo. Al leer las páginas de un libro antiguo hallo los mismos asuntos afligiendo las vidas de personas antiguas. En el libro de 1 Samuel hallamos el relato de un hombre piadoso, fiel siervo de Dios, criando a dos hijos de sus lomos y uno adoptivo. No hay mención de una esposa, así que tenga paciencia. La vida que examinaremos tiene pertinencia al matrimonio, aun cuando la trama de este relato no gira alrededor del matrimonio.

OBSERVACIÓN DE UNA EROSIÓN DOMÉSTICA

Este ejemplo de erosión doméstica se puede hallar en 1 Samuel 1—4. Permítame presentarle a los miembros de la familia, empezando con el padre.

Elí

Elí era a la vez sacerdote y juez, atareado en su trabajo, dirigiendo los asuntos del templo y a la nación de Israel. En esos días Dios levantaba una persona para que desempeñe los deberes de un rey, solamente sin los arreos de la realeza. Elí sirvió en esas dos funciones por cuarenta años, y su trabajo consumió mucho de su atención. Con los rituales del templo, asuntos políticos, guerras, tratados, proyectos cívicos, demandas, y decisiones que tomar, dejó a sus hijos, Ofni y Finees, para que se críen solos.

Sabemos por los detalles que se dan más adelante en el relato, que Elí estaba avanzando en años y extremadamente con sobrepeso. Con todo, era un buen sacerdote, líder capaz, sensible espiritualmente, y dedicado a Dios. Era un venerable y experimentado siervo del Señor que se había ganado el respeto de su pueblo, la nación judía. Sin embargo, la Biblia nos dice que hacia el fin de su vida, "sus ojos se habían oscurecido, de modo que no podía ver" (4:15). Esto es un giro de ironía literaria, con la intención oblicua de comentar sobre su vida de familia. Elí había perdido su contacto con sus hijos y se había hecho de la vista gorda a lo que ellos habían llegado a ser. A ellos los conocemos de seguido.

Ofni y Finees

Ofni y Finees habían llegado a ser sacerdotes, como su padre; sin embargo, no podían haber sido más opuestos a todo lo que él enseñó y vivió. De acuerdo a la Biblia: "Los hijos de Elí eran unos malvados, y no les importaba el Señor ni los deberes de los sacerdotes para con el pueblo" (2:12-13, VP). Ellos no serían los últimos predicadores o sacerdotes que sirven en el ministerio sin conocer al Señor Jesús. Esa realidad continúa hasta el día presente.

Permítame hacer una pausa para darle una advertencia. Preste estrecha atención a la vida de aquel a quien usted escoge seguir como líder espiritual. Use mucho discernimiento cuando escucha a un maestro por la radio o lo ve por televisión. Tenga mucho cuidado para observar y evaluar lo que se dice y lo que no se dice. Lea con ojo crítico lo que escriben y siempre verifíquelo con la Biblia. Observe cómo dirigen y examine cómo viven. Aquí tenemos a muchachos que se ponían las vestiduras oficiales del sacerdote y se paraban en lugares sagrados donde se para un sacerdote, aceptando el respeto de un público desprevenido. Sin embargo un mero vistazo a sus vidas privadas hubiera revelado la horrible verdad.

El versículo 12 del capítulo 2 no dejar lugar para dudar de que los jóvenes eran "impíos," o "malvados." No tenían planes de arrepentirse. Se habían establecido bien en sus caminos, demasiado acostumbrados, demasiado obstinados y rebeldes para cambiar. Es más, cuando su padre los confrontó, la Biblia dice: "Pero ellos no oyeron la voz de su padre" (2:25).

Samuel

En contraste a los dos hijos directos de Elí, tenemos al hijo adoptivo de Elí, Samuel. Le nació a una mujer llamada Ana, la cual le prometió al Señor que si le daba un hijo a pesar de su infertilidad, ella se lo traería de regreso una vez que lo haya destetado. Fiel a su palabra, ella trajo al joven Samuel para que crezca y sirva en el tabernáculo. Elí crió al muchacho y fue su mentor en los caminos del sacerdocio.

Aquí tenemos a tres muchachos criados por el mismo hombre, en un medio ambiente idéntico, con las mismas reglas, pero qué diferencia. Samuel me recuerda a una hermosa rosa que crece en el suelo encima de un pozo ciego. En ese medio ambiente vil y corrupto, de alguna manera él evitó la contaminación de sus hermanos adoptivos y aprendió a amar al Señor. Tal vez Elí se dio cuenta de que sus hijos ya no tenían remedio y trató de hacer mejor trabajo con Samuel. ¿Quién sabe?

La crisis

No podemos saber con certeza cómo empezó el problema o cuánto tiempo llevó para que Ofni y Finees llegaran a ser tan depravados, pero tiene que haber ido fermentando por largo tiempo. Como F. B. Meyer lo dice: "Ningún hombre se vuelve vil de repente." Entre sus pecados estaban estas ofensas: usaban su cargo para ganancia personal (2:29), se robaban la carne destinada al sacrificio (2:15-16), amenazaban hacer violencia a los que venían a adorar (2:16), menospreciaban a su padre (2:25), e incluso tenían relaciones sexuales con las mujeres que

144

venían a servir en el tabernáculo (2:22). No es sorpresa que el Señor le llama "impíos." Eran viles, descreídos, rebeldes y llenos de lujuria. Sus conciencias se habían encallecido tanto que ni siquiera se preocupaban por ocultar sus pecados, que habían llegado a ser un escándalo público.

En todo esto Elí les había advertido varias veces. Los ofendidos e irritados adoradores se lo habían informado repetidas veces. Note la represión de Elí:

> Y les dijo: ¿Por qué hacéis cosas semejantes? Porque yo oigo de todo este pueblo vuestros malos procederes. No, hijos míos, porque no es buena fama la que *yo oigo; pues hacéis pecar al pueblo de Jehová* (1 Samuel 2:23-24; énfasis añadido).

De repente, un profeta cuyo nombre no se da va a ver a Elí y le entrega estas palabras del Señor:

> ¿Por qué habéis hollado mis sacrificios y mis ofrendas, que yo mandé ofrecer en el tabernáculo; y has honrado a tus hijos más que a mí, engordándoos de lo principal de todas las ofrendas de mi pueblo Israel? (1 Samuel 2:29).

A continuación el profeta dio un pronunciamiento de juicio contra Elí y sus hijos. Si no se arrepentían, todos los tres morirían pronto. Vemos por esto que el Señor consideraba a Elí responsable por las acciones de sus hijos. Al hacerse de la vista gorda, él convenientemente no les preguntó por qué la mesa de la cena estaba tan repleta. Sin duda, esa fue la causa de su obesidad.

También recibió una advertencia del muchacho que tenía a su cargo. Usted tal vez recuerde el relato de como Samuel oyó la voz del Señor una noche. Al principio él pensó que Elí lo estaba llamando, así que corrió al lugar donde el anciano sacerdote estaba durmiendo para ver qué quería. Pero cada vez Elí envió al muchacho de regreso a su cama, tal vez pensando que la voz era un sueño. Para la tercera vez, Elí entendió que la voz le pertenecía a Dios, e instruyó a Samuel cómo responder.

Y dijo Elí a Samuel: Ve y acuéstate; y si te llamare, dirás: Habla, Jehová, porque tu siervo oye. Así se fue Samuel, y se acostó en su lugar.

Y vino Jehová y se paró, y llamó como las otras veces: ¡Samuel, Samuel! Entonces Samuel dijo: Habla, porque tu siervo oye (1 Samuel 3:9-10).

Recuerdo que cuando niño, en la Escuela Dominical, veía cuadros del niño Samuel y oía este fascinante relato de que Dios le hablaba a un muchachito. Yo, como todo otro niño, podía verme a mí mismo en el relato, y recuerdo haber deseado que ojalá me sucediera eso a mí. Siempre me pregunté qué es lo que el Señor dijo, pero el relato siempre terminaba allí. Ahora entiendo por qué mis maestras dejaban fuera el resto del relato. El primer mensaje que Samuel recibió de Dios fue un pronunciamiento escalofriante de juicio contra Elí y sus hijos.

Y Jehová dijo a Samuel: He aquí haré yo una cosa en Israel, que a quien la oyere, le retiñirán ambos oídos. Aquel día yo cumpliré contra Elí todas las cosas que he dicho sobre su casa, desde el principio hasta el fin. Y le mostraré que yo juzgaré su casa para siempre, por la iniquidad que él sabe; porque sus hijos han blasfemado a Dios, y él no los ha estorbado. Por tanto, yo he jurado a la casa de Elí que la iniquidad de la casa de Elí no será expiada jamás, ni con sacrificios ni con ofrendas (1 Samuel 3:11-14).

Elí había recibido advertencias muchas veces durante muchos años. Sus hijos pecaban en el tabernáculo. Cuando el pueblo se lo dijo, Elí les dio a sus hijos poco más que un ligero regaño y una palmadita en la mano, lo que equivalía a darles permiso para que continúen.

En verdad, el pecado en efecto continuo y empeoró, así que el Señor envió a un profeta para pronunciar juicio como advertencia. En el relato escrito de ese episodio, un indicio da a entender que Elí había pasado de ser meramente un espectador pasivo a ser participante activo. Elí no robaba personalmente la carne de los adoradores, pero su cintura que crecía sugiere que en la mesa de la cena él saboreaba todo bocado robado.

¿Por qué habéis hollado mis sacrificios y mis ofrendas, que yo mandé ofrecer en el tabernáculo; y has honrado a tus hijos más que a mí, *engordándoos* de lo principal de todas las ofrendas de mi pueblo Israel? (1 Samuel 2:29; énfasis añadido).

147

Esta crisis empezó con una grieta diminuta, una pequeña infracción de las reglas, y luego lentamente creció con el tiempo hasta que se volvió una ofensa pública. El pecado rampante y desvergonzado de los sacerdotes comprometía la integridad del tabernáculo, arrojaba una sombra sobre el pacto, y, lo peor de todo, ponía en entredicho el carácter de Dios. Erosión. Erosión silenciosa, lenta, sutil, continua.

La respuesta

El hecho de que el pecado estaba presente en la familia de Elí no es sorpresa, y él no merece más condenación por eso que cualquiera de nosotros. El pecado es universal. Las dificultades vendrán a toda familia. Los peligros de la erosión amenazan la estabilidad de todo matrimonio. El problema está en la respuesta; o, más bien, su falta completa de ella. Tome nota de cómo Elí reaccionó al mensaje que le trajo Samuel.

Y Samuel estuvo acostado hasta la mañana, y abrió las puertas de la casa de Jehová. Y Samuel temía descubrir la visión a Elí. Llamando, pues, Elí a Samuel, le dijo: Hijo mío, Samuel. Y él respondió: Heme aquí. Y Elí dijo: ¿Qué es la palabra que te habló? Te ruego que no me la encubras; así te haga Dios y aun te añada, si me encubrieres palabra de todo lo que habló contigo. Y Samuel se lo manifestó todo, sin encubrirle nada. Entonces él dijo: Jehová es; haga lo que bien le pareciere (1 Samuel 3:15-18).

¿Cómo respondería usted si un mensajero del Señor entrara en su mundo y le dijera que Dios va a destruir su familia y eliminarla? Sea cual sea su reacción, sospecho que sería más que: "Ah, está bien. Lo que sea." La respuesta de Elí es la respuesta clásica del padre pasivo. Simplemente no quería fastidiarse con tales preocupaciones cuando se trataba de su propio hogar. Él dirigía el tabernáculo como sumo sacerdote; y dirigía a la nación como juez. Pero de alguna manera esperaba que las difíciles decisiones respecto a sus hijos se resolvieran por sí solas.

LAS SEÑALES DE PELIGRO DE LA EROSIÓN MARITAL

¿Cuáles señales indican que un matrimonio está erosionándose? Probablemente no lo que usted pensaría. Todas las relaciones personales tienen de tiempo en tiempo pequeñas grietas, puertas que crujen, y ventanas que se atascan. Estas cosas no son lo importante sino la manera en que respondemos a ellas.

Las señales de peligro aparecen en la forma en que actuamos cuando esos problemas sutiles empiezan a ocurrir, y con toda certeza sucederán. Elí demostró una apatía insensata hacia los pecados de Ofni y Finees cuando los pecados de ellos eran pequeños. Cuando los pecados se hicieron más abiertos, continuos y escandalosos, él se sintió cada vez más impotente para enfrentarlos. Para cuando los hijos eran hombres adultos, la única respuesta justa y correcta a su forma de vida completamente depravada era inconcebible: exposición pública y, si no se arrepentían, apedreamiento público. En esos días Dios trataba severamente con los sacerdotes inmorales y falto de ética.

EROSIÓN MARITAL

Las siguientes son cuatro señales de peligro que sugieren erosión
marital.

Demasiado atareado

Cuando uno tiene tiempo y energía suficiente sólo para atender
las cosas grandes de la vida, las pequeñas pero igualmente
importantes quedan sin atenderse. Como sumo sacerdote y juez
de Israel, Elí tiene que haber estado muy ocupado … demasiado
ocupado. Alexander Whyte, pastor escocés de años idos, en su
muy buen libro *Bible Characters* [Personajes bíblicos] escribe:

> Muy atrás, al principio de su vida, Elí había tomado
> demasiado en sus manos. Elí no era un gran hombre como
> Moisés o Aarón, pero tomó tanto el cargo de Moisés como
> el oficio de Aarón sobre su sola persona. Él era tanto juez
> principal como sumo sacerdote para toda la casa de Israel.
> El más capaz, el más diligente, el más dedicado, el más
> incansable y el menos necesitado de sueño de los hombres
> no podía haber hecho lo que Elí se propuso hacer. …
> Y, tomando sobre sí lo que estaba más allá de su poder
> mortal para realizar, el resultado certero fue que nada hizo
> bien.[1]

¿Cuán atareado está usted? ¿Cómo le va en cuanto a *cantidad*
de tiempo? ¿Tienen usted y su cónyuge suficiente tiempo juntos
para disfrutar de conversación tranquila y calmada, o pasan la

mayor parte del tiempo lidiando con problemas o tratando sólo de asuntos prácticos? ¿Programa usted regularmente tiempo para pasarlo como pareja? Mirando a su calendario y lista de cosas para hacer, ¿qué tiene la primera prioridad? Cuando la familia y el trabajo se disputan el mismo renglón en el horario, ¿cuál gana con más frecuencia? Cuando usted llegue al final de su vida, ¿qué preferiría que la gente diga de usted: "¿Fue una buena esposa para su esposo, o fue un buen esposo para su esposa" o, "Falleció un dedicado profesional"?

¿Ve usted algunas grietas? Por supuesto que las ve. Casi todos las ven. La pregunta real es: ¿cómo va a responder?

Demasiado embotado

Embotado no es una palabra amable, pero es apropiada. Elí permaneció insensible a las palabras de advertencia que recibió del pueblo y del profeta. Por las razones que sean, no reaccionó con la urgencia que se esperaría. No logró conectar todos los puntos … ni siquiera los obvios. La gravedad de las advertencias no ejerció el impacto emocional que deberían haber ejercido. Asombrosamente, la predicción de que él y sus hijos morirían recabó apenas un encogerse de hombros.

¿Cuán sensible es usted a las señales sutiles? ¿Cuán consciente está usted de la desdicha de su cónyuge? ¿Está usted demasiado distraído o absorbido consigo mismo como para notar esas diminutas grietas en su relación? ¿Ha oído usted comentarios sutiles que captaron su atención o picaron su curiosidad? Si es así, ¿cómo respondió? ¿Los hizo a un lado, o hizo una pausa para examinar más hondo? ¿Ha notado usted que su cónyuge está demasiado callado, o a menudo triste, demasiado tenso, o preocupado? ¿Ha dedicado tiempo para descubrir lo que él o ella tal vez estén sintiendo o soportando?

¿Ha notado algún problema sutil? ¿Y quién no? La pregunta clave es: ¿qué va a hacer usted?

Demasiado lento

Elí no intervino rápidamente en respuesta a las advertencias de personas que genuinamente se interesaban. Esperó hasta que sus hijos fueran hombres antes de intervenir y, para entonces, ellos se habían endurecido en su rebelión y encallecido por el descreimiento.

Una respuesta pronta a los asuntos conforme surgen puede mantener manejables la mayoría de asuntos maritales. Así que, ¿puedo preguntarle? ¿Cuánto tiempo espera usted antes de hablar con su cónyuge sobre asuntos peliagudos? ¿Lidia usted con las ofensas y fuentes de ira de inmediato, o las deja a un lado para un tiempo más conveniente? ¿Qué tal la idea de buscar asesoramiento? ¿Tiene un asunto que llegar al punto crítico antes de que usted busque hablar con alguien que está calificado para ofrecer guía bíblica y práctica?

Permítame sondear más hondo. ¿Sabe usted de algún asunto persistente que necesita que se lo resuelva? ¿Algún conflicto pasado que no se ha cerrado? ¿Se halla a sí mismo esperando para lidiar con asuntos agudos porque no está seguro de cómo abordarlos? ¿Por qué esperar? ¿Qué se gana con postergarlos? La postergación alimenta la erosión.

Demasiado blando

Cuando Elí en efecto actuó, la intensidad de su respuesta no se equiparó a la gravedad de la dificultad. Volvamos a visitar la conversación.

> Pero Elí era muy viejo; y oía de todo lo que sus hijos hacían con todo Israel, y cómo dormían con las mujeres que velaban a la puerta del tabernáculo de reunión. Y les dijo: ¿Por qué hacéis cosas semejantes? Porque yo oigo de todo este pueblo vuestros malos procederes. No, hijos míos, porque no es buena fama la que yo oigo; pues hacéis pecar al pueblo de Jehová. Si pecare el hombre contra el hombre, los jueces le juzgarán; mas si alguno pecare contra Jehová, ¿quién rogará por él? (1 Samuel 2:22-25).

Éstas son buenas palabras. Es exactamente la represión que sus muchachos necesitaban oír ... ¡*años* atrás! Para ponerlo en perspectiva, como ya mencioné, los pecados de Ofni y Finees se castigaban con la muerte. Incluso si él mismo no podía obligarse a ejecutar a sus propios hijos, ciertamente la situación garantizaba expulsión del templo por lo menos.

Tal vez Elí sabía lo que se necesitaba hacer y lo dejó para luego, o tal vez tenía fuegos más intensos que apagar en días anteriores. Cuando los pecados finalmente llegaron a ser una prioridad, la acción drástica que exigían era más de lo que él podía obligarse a hacer. Y no olvide, la propia participación de Elí en el pecado de ellos embotaba el filo de la acción requerida. Su respuesta patética e inadecuada no logró nada excepto deshonrar al Señor.

No podemos darnos el lujo de permitir que nuestro amor supere a nuestro juicio. La mayoría de las situaciones requieren ternura; sin embargo, algunas demandan firmeza. Por "firmeza" no quiero decir crueldad o abuso. La firmeza es la disposición para hacer lo que personalmente es difícil hacer. Cuando estamos dispuestos a hacer lo que es debido a pesar del gran costo personal, se revelan nuestras prioridades. Por eso el Señor confrontó a Elí con estas fuertes palabras: "Has honrado a tus hijos más que a mí."

¿Qué tal si la dificultad que usted descubre exige un cambio significativo? ¿Está usted dispuesto a cambiar de empleo, o a vivir en algún otro lugar menos tentador, o a reducir su estilo de vida para dar a su matrimonio la atención que merece? ¿Puede usted hacer ajustes significativos en su vida y rutina sin enfadarse contra su cónyuge por eso? Si usted sabe que algo está erosionando su matrimonio, y no está dispuesto a actuar decisivamente, incluso hasta el sacrificio, ¿qué dice eso en cuanto a sus prioridades?

¿Qué está usted dispuesto a sacrificar por la salud de su matrimonio? ¿Qué está dispuesto a hacer por el mayor bien de su cónyuge? Preguntas serias como estas, respondidas con honestidad, revelan lo serio que es usted para dar los pasos necesarios para detener la erosión.

Cómo responder

He hecho muchas preguntas. La mayoría de ellas implican sus propias respuestas, pero no quiero detenerme aquí. Quiero ofrecer tres respuestas a los problemas que ayudarán a evitar la necesidad de una acción drástica. Cada vez que usted ve un problema sutil, piense en estas tres respuestas en este orden: uno, dos, tres; y póngalas en práctica de inmediato. Le prometo que determinarán toda una diferencia.

¡Despiértese!

Personas inteligentes, sensatas, diligentes, pueden ser ciegas a las necesidades en casa. Se supone que el hogar es un refugio de un mundo exigente repleto de gente exigente. Consecuentemente, es fácil aflojar tanto que uno se embota a las necesidades de su compañera más íntima. Decida hoy estar más consciente.

Entonces, completamente despierto, cuando usted ve algo que capta su atención, no lo ignore. No lo haga a un lado, presumiendo que no es nada. Pudiera serlo, pero no se limite a descartarlo. Confíe en sus instintos lo suficiente como para tomar en serio su observación. Luego ...

¡Hable claro!

Deje a un lado las acusaciones y una actitud defensiva, y comprométase a la comunicación. Hable claramente y sin rodeos en cuanto a lo que ha observado, sin atacar ni acusar. Con gentileza presente su perspectiva. En lugar de acusaciones, haga preguntas; y entonces escuche. Procure entender el punto de vista de su cónyuge. Persista hasta que tenga una perspectiva similar de la situación. Mantenga constantemente bajo rienda sus motivos al comunicarse. Hable para entender y ser entendido. Cualquier habla que no logra esto es fútil. Cuando arribe a una comprensión común de la situación …

¡Manténgase cerca!

Trabaje con su cónyuge para lidiar como equipo con cualquier dificultad. Decidan, juntos, cómo cada uno se ajustará en respuesta al problema. Debido a que usted no es padre o madre de su cónyuge, puede sugerir ajustes que pudieran ser útiles, pero sólo su cónyuge puede tomar su propia decisión. Su papel es permanecer cerca, permanecer comprometido, y ser para su cónyuge aliado, confidente, un hombro para llorar, y un espejo conforme el Espíritu Santo hace su obra por dentro. Comprométase a conocer íntimamente a su cónyuge, lo que quiere decir que usted nunca debe dar por sentado que sabe todo lo que hay que saber. Esta perspectiva le ayudará a hacer de su matrimonio una jornada vitalicia de descubrimiento mutuo.

MANTENGA LO PRIMERO PRIMERO

Atender la erosión marital no tiene por qué ser complicado. Requiere sólo dos cosas esenciales: escuchar a su cónyuge y dar a su matrimonio la primera prioridad. Tal vez que sorprenda saber que Juan Wesley, el fundador del movimiento metodista, no hizo ni lo uno ni lo otro. El incansable trabajo de Wesley como predicador y líder espiritual llevó a muchos miles a un conocimiento salvador de Jesucristo. Todos los que estudian su vida y se enteran de sus logros no pueden evitar quedarse impresionados. Sin embargo, su matrimonio con Molly Godlhawk

Vazeille fue un desdichado fracaso. En este respecto, me hace recordar a Elí.

Algunos dicen que los celos de Molly y su violento temperamento destruyeron el matrimonio, pero no obstante, Wesley no fue meramente pasivo como esposo; el hombre fue absolutamente negligente. De acuerdo a él, "ningún predicador metodista debería predicar un sermón menos o viajar un día menos estando casado que estando soltero."[2]

Después de tres noviazgos fracasados en su juventud, al ministro solterón de cuarenta y siete años le presentaron a Molly, una viuda casi de su misma edad. Después de un cortejo de poco más de dos semanas, se casaron, aunque pocos entendieron por qué. La espiritualidad de ella, nominal y convencional, parecía una combinación extraña a la consagración profunda de él al Señor.

La primera señal de problema surgió poco después de la boda. Al explicar a sus hermanos metodistas por qué se había casado tan rápido, dijo que el matrimonio era "una cruz que había tomado" a fin de "derribar el prejuicio en cuanto al mundo y a él." La misma semana asistió a una conferencia, y después salió en una de sus largas giras de predicación. Justificaba sus acciones con las palabras: "Respecto a viajar al extranjero, el predicador metodista que tiene una esposa debe ser como si no la tuviera." Comprensiblemente, estos dos sucesos la rompieron el corazón a Molly.

Wesley continuó sus extensos viajes y sus predicaciones. Continuó también asesorando íntimamente a mujeres, a pesar de las súplicas de Molly para que no lo haga. Es extremadamente

157

dudoso que alguna vez haya hecho algo inapropiado, pero la privacidad que mantenía y la respuesta de adoración que a menudo recibía de otras mujeres no se veía apropiada. Molly le suplicó que deje de escribir cartas y que acabe con sus reuniones privadas con una joven en particular que se había convertido después de haber estado casada con tres hombres y sin que haya ningún divorcio en los registros. Sus quejas fueron recibidas con intimidación y la santurrona afirmación de que todas sus acciones eran "por la causa de Dios."

Molly intentó acompañarlo en sus giras de predicación, pero él rehusó alterar su hábito de seguir viajando a pesar de la lluvia, el frío, y malos caminos. Ella trató de quedarse en casa, sólo para sufrir la acusación de que no respaldaba a su esposo como debía. Ella apeló al hermano de él, Carlos, y a otros hermanos metodistas para que intercedan, pero ellos en su mayor parte se pusieron del lado de Juan, endilgándole a ella toda clase de epítetos nada lisonjeros.

Un biógrafo caracterizó al matrimonio de veinte y más años como "mayormente nominal y a menudo casi irrelevante; separación frecuente, pero nunca final hasta 1776; perenne resentimiento mutuo."[3] En una de las muchas ocasiones en que Molly lo dejó, Wesley escribió en su diario: "Por alguna causa que yo no sé, mi esposa se fue a Newcastle, con el propósito de no volver jamás. *No eam reliqui; non dimissi; no revocabo*" ("Yo no la he dejado; no la he despedido; y no voy a pedirle que regrese").[4]

Para cuando murió a los ochenta y siete años, Wesley había viajado más de 400.000 kilómetros (principalmente a caballo), cruzado el Mar Irlandés cuarenta y dos veces, y predicado 40.000

sermones. El ritmo y naturaleza de su ministerio nunca aminoró, a pesar de su deber a su cónyuge. Ella le dejó finalmente en 1776, y vivieron separados hasta que ella murió cinco años más tarde. Wesley estaba en Londres cuando oyó que su esposa había muerto dos días atrás.

Comentando sobre el matrimonio y el ministerio, Wesley a menudo decía que si la señora Wesley hubiera sido una mejor esposa y se hubiera conducido como debería haberlo hecho, él tal vez habría sido infiel a la gran obra que Dios había escogido para él. Extraño pensamiento. Obviamente, Wesley estaba casado con su trabajo primero y consideraba a Molly como una distracción antes que como su dedicada compañera en la vida y en el ministerio.

Relato esto no para denigrar a Juan Wesley, sino para ilustrar que incluso el individuo más "maduro espiritualmente" puede permitir que su matrimonio fracase. Todo lo que se requiere son prioridades equivocadas e ignorar las señales de peligro.

La erosión marital no se acabó con un sacerdote llamado Elí y, o un predicador llamado Wesley. Sigue vigente hoy en la comunidad en donde usted reside, en el lugar donde trabaja, y en la iglesia donde se reúne. La erosión marital es una realidad que usted no puede cambiar ... excepto en el hogar en que usted vive.

La pregunta es, ¿lo hará?

Ocho

Cómo seguir siendo joven mientras la familia envejece

&

Nada cuidó a este cuerpo del viento o el clima
Cuando Juventud y yo vivimos en él juntos.
—SAMUEL TAYLOR COLERIDGE

Hay algo delicioso y despreocupado en la juventud. Cuando uno la comparte con el cónyuge, esa temporada de amor primaveral puede ser doblemente divertida. ¿Recuerda esos días? Las noches encantadoras, despreocupadas, llenas de risa, el gratificante romance y hacer el amor, la resistencia frente a las dificultades, la total falta de temor, el entusiasmo de tener todo su futuro frente a ustedes? Todo eso levanta una pregunta seria: ¿por qué debe acabarse esa actitud? ¿Quién escribió la ley que dice que todas las canas se deben teñir de café o negro? ¿Qué revista médica clasificó a la edad como enfermedad? Y, ¿quién dice que el matrimonio tiene que perder su entusiasmo, gozo, y vitalidad juveniles?

Ah, lo sé. No vivo en negación. El cuerpo no durará para siempre. Como Erma Bombeck dijo una vez: "Es un rápido resbalón de los biquinis al estrógeno." Para los hombres, el pelo deja de crecer en donde debería, y empieza a crecer desenfrenadamente en donde no tiene ninguna razón de crecer. La gravedad y la edad a la larga surten su efecto en todos nosotros. Y como los golpes, moretones, lesiones, enfermedad y accidentes pueden agotar al cuerpo, los desafíos implacables de la vida diaria pueden envejecer a un matrimonio; tal vez más allá de sus años. Pero, ¿es eso realmente necesario? ¿Es inevitable? ¡Digo absolutamente que no! ¿Por qué debe la vida de casados perder su entusiasmo juvenil si todavía estamos sanos y activos, y nos inclinamos hacia delante a la vida en lugar de echar una mirada de añoranza sobre nuestros hombros a lo que solía ser?

De lo que estoy hablando es de perspectiva, una actitud, un marco mental que ve a la vida no como algo que hay que soportar o sobrevivir, sino ¡*vivir*! Uno de mis jugadores favoritos de béisbol, Satchel Paige, lo llamaba "la mente sobre la materia." Su familia sólo podía calcular que había nacido el 7 de junio de 1906, lo cual llegó a ser su fecha oficial de nacimiento en los registros. Después de deslumbrar a las multitudes en las antiguas Ligas de Negros por veintidós años, lanzó en su primer juego en las Grandes Ligas para los Indios de Cleveland en 1948, y se enfrentó a los mejores bateadores del juego (la mayoría de ellos con la mitad de su edad). En 1965 Paige lanzó su último juego; tres entradas sin ningún bateador que acertara, para los "A" de Kansas City, ¡*a los sesenta años*!

Satchel rara vez respondía a preguntas sobre su edad, pero cuando era necesario le daba al reportero su respuesta estándar:

"La edad es cuestión de la mente sobre la materia. Si a uno no le importa, no importa."

Henry David Thoreau lo dice bien: "No hay más viejos que los que han vivido más que su entusiasmo." Satchel Paige nunca perdió su entusiasmo por el béisbol, o por la vida, a propósito. La edad a la larga surtió sus efectos en él, como lo hará en todos nosotros. Pero el talento de Paige y su actitud le mantuvieron jugando mucho después de que su edad le decía que debía colgar los guantes.

Lo mismo es verdad en cuanto a su edad y su enfoque al matrimonio. Usted tal vez se halle en el mismo umbral de un largo futuro con su cónyuge. O tal vez esté apenas a pocos kiló- metros en el camino con unas pocas añadiduras a la familia. Tal vez a lo mejor sea como Cynthia y yo: casados por más de cinco décadas y con un número indeterminado de años todavía por disfrutar. Sea cual sea el punto en que esté en la vida, permí- tanme asegurarle que este capítulo es para usted. Esto no es tanto cuestión de edad como cuestión de actitud: nuestra postura escogida cuando se presentan las dificultades y esa calidad que le da al matrimonio su chispa juvenil. Satchel Paige era un lanzador entusiasta de sesenta años porque fue entusiasta a los diecinueve cuando lanzó su primera pelota veloz profesional. Lo mismo es cierto del matrimonio.

Estos capítulos nos han llevado por varios principios y apli- caciones. Aprendimos en cuanto al matrimonio según Dios lo había propuesto originalmente, y los efectos del pecado en esa intimidad en un tiempo pura. Descubrimos la centralidad del Señor y su palabra para mantener un matrimonio enfocado en el blanco. Se nos hizo acuerdo del papel crucial que el compromiso y el amor desprendido desempeñan para mantener seguro el vínculo; y subrayamos varias estrategias que nos ayudarán a enfrentar los retos reales que toda pareja encuentra.

Los libros sobre el matrimonio pueden ser peligrosos en las manos equivocadas. Muy a menudo uno de los cónyuges busca en la sección sobre el matrimonio en las librerías para hallar la herramienta apropiada a fin de "arreglar" a su cónyuge. Espero que usted halle los capítulos de este libro imposible de aplicárselos a su cónyuge. Este capítulo no será la excepción. Nadie puede escoger su actitud; sólo usted puede hacer eso. Este capítulo tiene que ver con la selección de actitud y como eso afectará su matrimonio.

COMO ENFOCAR EL MATRIMONIO
CON UNA GRAN ACTITUD

Los afanes y retos de la vida pueden golpearlo a uno, dejándole poca energía para invertir en el matrimonio, y eso para no hablar de disfrutarlo. Usted tal vez esté pensando que una vez que vengan mejores días, podrá hacer eso. Desdichadamente, usted esperará largo tiempo antes de que lleguen esos "días mejores." Los años que usted podría haber disfrutado ya se han ido. No envejezca antes de llegar a viejo. Mantener una actitud juvenil mantendrá a su matrimonio divertido y emocionante, a cualquier edad. Y en verdad quiero decir a *cualquier* edad.

En unos momentos examinaremos la vida de un héroe del Antiguo Testamento cuya actitud cuando joven predijo su intrepidez en su vejez. Pero antes de hacerlo, quiero señalar unas pocas actitudes que hallo comunes en los que viven más que su entusiasmo. Estos son brotes amargos en la juventud, florecen silvestremente en los años medianos, y dan su fruto venenoso en la vejez; y en el camino le privarán del gozo a su matrimonio. Le animo a que se examine a sí mismo en cuanto a estos pensamientos y sentimientos al enfrentar la dificultad.

ACTITUDES NEGATIVAS FRENTE A LA DIFICULTAD

La primera actitud negativa que puede acompañar al envejecimiento es *un sentido de inutilidad*. "Ya no le sirvo a nadie. Simplemente soy un estorbo para todos. ¿Para qué sigo viviendo?" Johann Goethe, el poeta alemán, escribió: "Una vida inútil es muerte temprana."[1] Es natural sentirse inútil cuando la vida tiene sus rodillas sobre el pecho de uno, y las circunstancias difíciles simplemente no lo dejan en paz. Pero no permita que esta actitud se aferre a usted. Morirá antes de morir; y lo que es peor, arrastrará a su cónyuge consigo hacia abajo.

La segunda actitud negativa que es *sentir lástima de sí mismo*. "A nadie le importo. ¿Por qué molestarme con seguir viviendo? ¿Por qué molestarme tratando de alcanzar a otros? Si alguien realmente se interesara, me buscaría." Sentir lástima de uno mismo invariablemente lleva a echar la culpa. Echar la culpa conduce a la amargura, y la amargura hace que otros se alejen. ¿Puede uno culparlos? Sentir lástima de uno mismo es el primer paso a un tipo de juego paradójico de tira y afloja. Usted quiere que las personas se acerquen a usted, pero su amargura las aleja. ¡Sentir lástima de uno mismo definitivamente asesina la intimidad!

La tercera actitud negativa es el *temor*. "Debo tener mucho cuidado. Tengo que evitar todo los peligros y todos los riesgos." El temor es una emoción normal que Dios nos dio para ayudarnos a percibir y evitar el peligro. Pero puede abrumarnos en tiempos de tensión. El mundo parece más y más peligroso, especialmente conforme envejecemos, lo que puede conducir a una perspectiva suspicaz, lo que rápidamente se vuelve paranoia. A poco usted incluso puede empezar a ver a su cónyuge como una amenaza.

Por supuesto, como un bromista lo dijo: "Simplemente porque no eres paranoico eso no quiere decir que no hay nadie que te esté persiguiendo." El mundo es un lugar peligroso, lleno de enfermedad, crimen, desastres naturales y toda clase de males. Pero el temor es un ladrón que nos roba la alegría y nos quita la paz. El temor hace todos esos peligros reales antes de que siquiera los enfrentemos. Es más, tal vez nunca enfrentemos la mayoría de esos peligros, pero sí tenemos miedo, bajaremos las cortinas y echaremos llave a las puertas en un esfuerzo por dejar fuera todo peligro. En el proceso dejamos también fuera las mismas cosas que tememos que el mundo nos va a quitar.

Finalmente, y tal vez la más devastadora de estas cuatro actitudes negativas, es la del *remordimiento indebido*. Esto es una mezcla de culpa y remordimiento por decisiones malas, o como el diccionario lo dice, "una angustia que carcome y que brota de un sentido de culpabilidad por errores pasados: reproche de uno mismo."[2] Esta actitud continuamente está mirando hacia atrás por sobre el hombro con un suspiro hondo, profundo, pensando:

Si tan sólo no hubiera ... si tan sólo hubiera ... (termine la frase con sus propias palabras).

Casi toda persona tiene algo que lamentar. La mayoría de personas miran ilusas lo que pudiera haber sido si no hubieran cometido errores tan necios aquí y allá. La mayoría de personas mayores pueden identificarse con el pequeño poema "A veces" de Thomas S. Jones, hijo.

> Por los campos del ayer
> A veces viene a mí,
> un pequeño que acaba de volver de jugar:
> El pequeño que solía ser yo.
>
> Y sin embargo sonríe con tanta ilusión
> Una vez que se ha inmiscuido,
> Me pregunto si él espera ver
> Al hombre que yo pudiera haber sido.[3]

Algo de lamentación es normal y saludable. Honestamente acepta la responsabilidad por errores pasados, lo que es una parte necesaria de la sabiduría. Pero el remordimiento incluye el sentimiento de culpa. Recuerde que fue el pecado lo que primero dividió a Adán y Eva. Una vez que pecaron, algo cambió en su percepción y su primer acto fue cubrirse y esconderse. El pecado los separó de su Dios y uno del otro. El pecado y la culpa ejercen el mismo efecto en nosotros. Sin embargo, la misión de Cristo es de reconciliación. Él llevó sobre sí su culpa y no dejó nada para que usted cargue. Si usted está en él, no hay lugar que quede para el remordimiento inapropiado ni ninguna excusa para alejarse del Señor, ni de su cónyuge, ni del mundo que le rodea.

No se permita convertirse en un portador de estas actitudes negativas. Son una enfermedad que infectará a su familia y a sus seres queridos. Felizmente, las actitudes positivas pueden ser igual de contagiosas. En mi propia vida puedo ver el efecto de la actitud de mi abuelo comparándola con la de mi papá.

UNA ACTITUD DE FORTALEZA

Mi abuelo siempre pareció más joven que mi padre. Mi papá ya era viejo cuando yo nací, y probablemente yo lo hice envejecer más conforme crecía. Pero parecía que yo nunca hacía envejecer más a mi abuelo. Él vivía la vida de puntillas. Él halló que vivir era una aventura: emocionante, intrigante, divertida. Me enseñó cómo conducir un bote a motor. Me llevaba a pescar, en donde los viejos enseñaban a los jóvenes en cuanto a la vida; y la aventura más arriesgada de todas: me enseñó a conducir vehículos.

Me puso detrás del volante de su Ford del año 39 hace muchos años en El Campo, Texas. Recuerdo haber arrancado el guardabarros derecho de ese hermoso carro viejo suyo al entrar demasiado rápido en la cochera. Pero mi abuelo ni siquiera se amoscó. Sonreía mientras decía: "Simplemente retrocede e inténtalo de nuevo, hijo. Yo puedo comprar nuevos guardabarros, pero no puedo comprar un nuevo nieto. Vamos. Inténtalo otra vez." Ese era mi abuelito. ¡Qué hombre magnífico! ¡Qué recuerdos maravillosos! ¡Qué influencia significativa ejerció, y todavía ejerce, en mí!

Mi abuelo era así en su vejez porque tenía entusiasmo por la vida y cultivó una gran actitud mientras todavía era joven. Él enfrentó la dificultad de un cuerpo envejeciente con una actitud de fortaleza porque había aprendido cómo enfrentar todas las dificultades de esa manera. Yo soy en gran parte el hombre que soy hoy debido a su influencia. Tomé una decisión consciente, hace años, de envejecer como mi abuelo.

Repitiendo, escribo para todos, y no simplemente para los que están en sus últimos años. Pero permítanme decirles a ustedes que son abuelos: puesto que a nuestros jóvenes se les dice que nos honren y respeten, démosles una razón para hacerlo. No podemos esperar respeto y admiración si primero no nos lo ganamos. Si usted todavía está en sus años juveniles o de mediana edad, le digo, eche un buen vistazo firme a cómo enfrenta sus dificultades ahora. Multiplíquelo por diez y así es como enfrentará los muchos retos que acompañan a la vejez.

A cada uno: mire su actitud. ¿Le gusta lo que ve? ¿Está usted doblegándose a sí mismo con sentimientos de inutilidad, lástima de sí mismo, temor o remordimiento? ¿Cuán divertido es vivir con usted? ¿Es tiempo de un ajuste de actitud? Entonces, ¿qué espera? ¡Avance!

UN HÉROE DEL ANTIGUO TESTAMENTO
CON ACTITUD

En mi libro Historias fascinantes de vidas olvidadas examiné las vidas de algunas figuras menos conocidas de la Biblia que tienen algo significativo que enseñarnos. Si hubiera incluido a todos los que hubiera querido, el proyecto podría haberse convertido en una obra de varios volúmenes. Uno de los que consideré fue Caleb. Él merece que se lo vuelva a visitar. Me gusta llamar a Caleb "el montañero original." En un momento verá por qué.

Caleb aparece primero junto a Josué y a otros diez hombres, en Números 13:1-2. Dios acababa de librar a la nación de Israel de la esclavitud en Egipto, y los llevó a través del desierto bajo el liderazgo de Moisés. Acamparon en una región desértica llamada Cades-barnea, justo al sur de la Tierra Prometida, la tierra de Canaán. Allí la nación seleccionó a doce hombres para que exploraran el territorio que debían conquistar. Estos doce espías debían descubrir qué tesoros y desafíos enfrentaría el pueblo de Dios de modo de poder trazar un plan eficaz.

> Y Jehová habló a Moisés, diciendo: Envía tú hombres que reconozcan la tierra de Canaán, la cual yo doy a los hijos de Israel; de cada tribu de sus padres enviaréis un varón, cada uno príncipe entre ellos (Números 13:1-2).

Después de casi mes y medio, los hombres volvieron.

> Y volvieron de reconocer la tierra al fin de cuarenta días. Y anduvieron y vinieron a Moisés y a Aarón, y a toda la congregación de los hijos de Israel, en el desierto de Parán, en Cades, y dieron la información a ellos y a toda la congregación, y les mostraron el fruto de la tierra. Y les contaron, diciendo: Nosotros llegamos a la tierra a la cual nos enviaste,

la que ciertamente fluye leche y miel; y este es el fruto de ella. *Mas* ... (Números 13:25-28; énfasis añadido).

Imagínese la escena. Los dirigentes de la nación se reúnen para oír el informe. Los doce hombres llegan a la asamblea doblegados por la carga de uvas y granadas, y relatos fantásticos de lo increíblemente fructífera y diversa que es la tierra. Tierras altas con abundante lluvia para viñedos, praderas para rebaños, montañas para frutales, granos y olivos, valles ubérrimos para siembras, valles áridos para higos, un gigantesco lago de agua dulce repleto de peces, una llanura costera fértil, abundantes fuentes de agua dulce ... no obstante ...

Palabra poderosamente destructiva en la mayoría de casos. Mas. A pesar de la promesa de Dios, a pesar de la demostración de la fidelidad y poder de Dios, a pesar de lo increíblemente buena que la tierra es ...

Mas el pueblo que habita aquella tierra es fuerte, y las ciudades muy grandes y fortificadas; y también vimos allí a los hijos de Anac (Números 13:28).

Los hijos de Anac eran personas enormes. Su estatura legendaria dio lugar a una expresión común entre los cananitas: "¿Quién puede resistir ante los hijos de Anac?" Estos eran los jugadores de baloncesto o los defensas del fútbol estadounidense de su día. Imagínese enfrentarse a las filas intimidantes de un ejército de Shaquille O'Neals (170 kilos, y más de dos metros veinte de estatura).

Como si eso no fuera suficiente, estas gigantescas personas construyeron ciudades grandes con muros gigantescos e impenetrables. Todavía más, había muchos de ellos; y además de estos gigantes, estaban los amalecitas, jebuseos, heteos y amorreos, cada tribu feroz como perros de basurero. Eran las culturas avanzadas con sofisticadas habilidades de guerra. No se equivoque; al mirar al desafío que tenían delante, hablando humanamente, los israelitas tenían mucho por qué preocuparse.

En medio de las objeciones de la mayoría, un Caleb de cuarenta años pasa al frente y hace callar a la multitud. Me encanta su recomendación sencilla y directa: "Subamos luego, y tomemos posesión de ella; porque más podremos nosotros que ellos" (Números 13:30).

Oiga la respuesta quejumbrosa de los diez espías sin fe:

Mas los varones que subieron con él, dijeron: No podremos subir contra aquel pueblo, porque es más fuerte que nosotros. Y hablaron mal entre los hijos de Israel, de la tierra que habían reconocido, diciendo: La tierra por donde pasamos para reconocerla, es tierra que traga a sus moradores; y todo el pueblo que vimos en medio de ella son hombres de grande estatura. También vimos allí gigantes, hijos de Anac, raza de los gigantes, y éramos nosotros, a nuestro parecer, como langostas; y así les parecíamos a ellos (Números 13:31-33).

Puedo imaginarme la conversación una vez que la reunión empezó a disolverse.

"Caleb: ¿viste tú lo mismo que los otros diez hombres vieron?"

"Así es."

"¿Te das cuenta de lo grandes que son esos hombres?"

"Sí. Pero, ¿te has olvidado de lo grande que es Dios? ¿Recuerdas lo que él les hizo a los egipcios? ¿Recuerdas el Mar Rojo? Dios dijo que él nos iba a dar esta tierra. Así que, ¿por qué estamos aquí parados con las rodillas castañeteando, midiendo enemigos y preocupándonos por ciudades fortificadas? Tenemos a Dios de nuestro lado. ¡Adoptemos una actitud de fortaleza y vamos a conquistarlos!"

Pero los hombres que habían ido con el dijeron: "No podremos subir contra aquel pueblo, porque es más fuerte que nosotros" (Números 13:31). ¿Qué les hizo amilanarse ante el desafío? Mire de nuevo Números 13:33: "También vimos allí gigantes, hijos de Anac, raza de los gigantes, y éramos nosotros, *a nuestro parecer*, como langostas; y así les parecíamos a ellos" (Números 13:33, énfasis añadido). Ellos miraron al obstáculo y luego se miraron a sí mismos. *¿Por qué?* ¿Puede Dios enfrentar a gigantes? Ni dudarlo. ¿Puede Dios derrotar una tierra llena de ciudades fortificadas? ¡Por supuesto! Por eso Caleb dijo lo que dijo cuando la nación empezó a empacar para volverse a Egipto.

> Y Josué hijo de Nun y Caleb hijo de Jefone, que eran de los que habían reconocido la tierra, rompieron sus vestidos, y hablaron a toda la congregación de los hijos de Israel, diciendo: La tierra por donde pasamos para reconocerla, es tierra en gran manera buena. Si Jehová se agradare de

nosotros, él nos llevará a esta tierra, y nos la entregará; tierra que fluye leche y miel. Por tanto, no seáis rebeldes contra Jehová, ni temáis al pueblo de esta tierra; porque nosotros los comeremos como pan; su amparo se ha apartado de ellos, y con nosotros está Jehová; no los temáis (Números 14:6-9).

Quisiera que el versículo que sigue dijera: "Así que todo el pueblo cobró valor en el Señor su Dios, y empezó a hacer preparativos para recibir de la poderosa mano de Dios la dádiva de Canaán." Pero no es así. El siguiente versículo empieza con precisamente lo opuesto: "Entonces toda la multitud habló de apedrearlos."

Es un hecho triste que una actitud positiva frente a los retos de la vida a menudo será recibida con hostilidad. Igualmente triste, los que tienen fe genuina en Dios serán la minoría la mayor parte del tiempo.

Como resultado de la desobediencia de la nación, Dios declaró que todos ellos deberían deambular por el desierto por cuarenta años: tiempo suficiente para mueran todos los que se habían puesto del lado de los diez sin fe. Sin embargo, Dios en efecto prometió que tanto Caleb como Josué entrarían en la tierra y se apropiarían de su recompensa.

¡DAME ESE MONTE!

Hacemos avanzar la cinta a alta velocidad por casi cuarenta y cinco años hasta Josué 14. La nueva generación siguió a Josué, el nuevo líder de Israel después de Moisés, a la tierra y la había conquistado. La nación había destruido la capacidad de las ciudades de Canaán para unir sus fuerzas y derrotar a Israel, pero la tarea distaba mucho de estar terminada. Cualquier buen estratega militar le dirá que la única tarea más difícil que conquistar un territorio es ocuparlo. El plan era dividir la Tierra Prometida entre las tribus, y dejar que cada tribu derrote al enemigo que vivía en su porción y los desplace.

Cuando llegó el tiempo para que la tribu de Judá reclame su heredad, Caleb pasó al frente con un discurso intrépido. Al leer sus palabras, tenga presente que él acaba de aguantar las más de cuatro décadas últimas. Fue obligado a sufrir el mismo castigo como los diez espías infieles, aunque él y el nuevo líder, Josué, habían confiado en Dios. Aunque fue tan fiel como Josué en Cades-barnea, Caleb se pierde de la escena pública mientras Josué llega a ser el sucesor de Moisés escogido por Dios. Por cuarenta años Caleb cavó las tumbas de sus iguales, funeral tras funeral, viéndolos morir. ¿Cuántos?, me pregunto. El número debe haber sido múltiples miles. Luego, después de cuarenta y cinco años de fidelidad, él se acerca a Josué con las siguientes palabras:

Tú sabes lo que Jehová dijo a Moisés, varón de Dios, en Cades-barnea, tocante a mí y a ti. Yo era de edad de cuarenta años cuando Moisés siervo de Jehová me envió de Cades-barnea a reconocer la tierra; y yo le traje noticias como lo sentía en mi corazón. Y mis hermanos, los que habían subido conmigo, hicieron desfallecer el corazón del pueblo; pero *yo cumplí siguiendo a Jehová mi Dios*. Entonces

Moisés juró diciendo: Ciertamente la tierra que holló tu pie será para ti, y para tus hijos en herencia perpetua, por cuanto *cumpliste siguiendo a Jehová mi Dios.* Ahora bien, Jehová me ha hecho vivir, como él dijo, estos cuarenta y cinco años, desde el tiempo que Jehová habló estas palabras a Moisés, cuando Israel andaba por el desierto; y ahora, he aquí, hoy soy de edad de ochenta y cinco años. Todavía estoy tan fuerte como el día que Moisés me envió; cual era mi fuerza entonces, tal es ahora mi fuerza para la guerra, y para salir y para entrar. Dame, pues, ahora este monte, del cual habló Jehová aquel día; porque tú oíste en aquel día que los anaceos están allí, y que hay ciudades grandes y fortificadas. Quizá Jehová estará conmigo, y los echaré, como Jehová ha dicho (Josué 14:6-12; énfasis añadido).

Uno no puede menos que querer a este hombre. Este no es un discurso egoísta, tipo "dame lo que es mío o si no, ya verás." No hay ningún un espíritu de lo que me toca por derecho. Él no esperaba el aplauso público. Mejor todavía, no estaba pidiendo un hogar de jubilación; ¡esperaba un nuevo reto! Este es el mismo corazón valiente que cuarenta y cinco años antes dijo: "Debemos por todos los medios subir y tomar posesión de la tierra, porque con certeza los venceremos." No dé por sentado que su entusiasmo fue resultado de una inclinación genética hacía la búsqueda imprudente de emociones o que él era sobrehumano. Unas pocas observaciones en su discurso revelarán algunas cualidades importantes en Caleb que contribuyeron a su actitud; cualidades que podemos hacerlas muestras.

CUALIDADES QUE RESULTAN EN UNA GRAN ACTITUD

La primera y más importante de las cualidades del Caleb fue su *devoción incondicional al Señor*. Note lo que el autor dice en cuanto a Caleb no menos de tres veces. En los versículos 8, 9 y 14 vemos que Caleb siguió al Señor Dios completamente. Me gusta la manera en que un léxico hebreo explica el término original: "completamente, formalmente … i.e., hacer algo con una actitud o sentimiento de gran y ferviente dedicación."[4] De todos los grandes hombres y mujeres de la Biblia, de Caleb es del único de quien se dice que "había seguido cumplidamente a Jehová Dios de Israel." El Señor era su líder, su fortaleza, y el foco de su atención. Él podía ignorar el ominoso pavor de tener que luchar contra gigantes porque su Dios habitualmente ocupaba sus pensamientos y claramente motivaba sus decisiones.

Una segunda cualidad era su *inconmovible creencia en las promesas de Dios*. En el versículo 6 Caleb empieza su discurso diciendo: "Tú sabes lo que Jehová dijo a Moisés, varón de Dios, en Cades-barnea, tocante a mí y a ti." Dios le había prometido a Israel la tierra de Canaán, y le había prometido a Caleb una porción en particular de ella. Eso es todo lo que él necesitaba como órdenes de marcha. Con eso en la mano, los gigantes y las ciudades fortificadas eran meros detalles con los que habría que lidiar a su debido tiempo.

Una tercera cualidad fue su *auténtica humildad*. Dada su intrepidez, podríamos pensar que el anciano estaba más bien lleno de sí mismo. Pero no es así. Caleb era genuinamente humilde; pero recuerde que humildad no es tener una pobre imagen de uno mismo. La humildad es considerar a otros más importantes que uno mismo. Recuerde que atrás en Números 13 Caleb fue la voz primaria detrás del buen informe. Josué fue su respaldo, pero Caleb fue el intrépido portavoz para tomar la tierra y confiar en el Señor. De los dos, él habría sido el más probable sucesor de Moisés; por lo menos según nuestros estándares. Pero Dios escogió a Josué.

Trate de imaginarse eso sucediendo hoy. "¿Sabe el Departamento de Recursos Humanos de esta decisión? Josué es un gran tipo, pero yo soy el que expuso su cuello ese día, así que, ¿por qué Josué logra ser el líder? Yo soy su hombre, y no Josué. O; ¿por qué no podemos ser co-líderes?" No hubo nada de eso. Durante los cuarenta años de peregrinaje por el desierto vemos un buen número de luchas por el poder, oímos mucho de rezongos, y percibimos un espíritu creciente de resentimiento, pero en ninguno de ellos participó este líder fuerte y natural. Caleb dirigió a su tribu, Judá, con sumisión quieta, contenta, al líder escogido por Dios, Josué. ¡Qué asombroso integrante de equipo!

Pienso que estas tres cualidades, sumadas, le dieron una cuarta cualidad: una exuberante *actitud de entusiasmo* para hacerle frente a la vida. Los estudiosos continúan debatiendo el significado del hebreo que Caleb usó en Josué 14:12. Nuestra traducción dice: "Dame, pues, ahora este monte, …" La confusión viene debido a que la palabra hebrea que se traduce aquí "monte" es la palabra para monte en singular. Por otro lado, la palabra también se ha usado para hablar de una región o una cordillera, así que "región montañosa" sería apropiado. Algunos comentaristas sugieren que sólo se refería a Hebrón, la ciudad principal de esa región. Otros aducen (más convincentemente a mi juicio) a favor de la región entera conocida como la región montañosa.

Permítame sugerir otra posibilidad. Cuando entraron a la tierra por primera vez, los diez espías sin fe se preocuparon más por los gigantes y sus ciudades fortificadas. ¿Recuerda su clamor simplón? "Éramos nosotros, a nuestro parecer, como langostas; y así les parecíamos a ellos" (Números 13:33). El territorio era a la vez agreste y próspero; difícil de capturar, pero que valía la lucha. Como con la mayoría de los desafíos, grandes recompensa requieren grande riesgo. Y, ¿dónde vivían estos gigantes con sus grandes ciudades? Lo adivinó. Hebrón y la región montañosa que la rodeaba. Siendo mucho de ello, literalmente, una batalla cuesta arriba, este territorio sería el más difícil de capturar, representando el más grande desafío para Israel.

A mi juicio Caleb usó la palabra para monte en ambos sentidos. "Dame esta región montañosa. Dame este desafío. ¡No tuve miedo cuando tenía cuarenta años, y estoy listo para esta lucha ahora que tengo ochenta y cinco! Dios fue mi Dios entonces, y él es mi Dios ahora. ¡Dámelo!"

¡Me encanta oír a este individuo! El montañero original.

De paso, si usted piensa que él era un viejo cascarrabias, esgrimiendo su bastón ante el enemigo mientras rezongaba amenazas vacías, se equivoca. Estaba en buenas condiciones porque nunca dejó de vivir la vida. Enfrentó cuarenta y cinco años de retos en el desierto, lo que lo mantuvo vibrante y fuerte. Y él hizo realidad su gran perorata. "Y Caleb echó de allí a los tres hijos de Anac, a Sesai, Ahimán y Talmai, hijos de Anac. De aquí subió contra los que moraban en Debir" (Josué 15:14-15).

Caleb estuvo listo para enfrentar sus más grandes retos cuando tenía ochenta y cinco años porque no se amilanó ante ellos cuando tenía cuarenta; y me imagino que él había sido lo mismo cuando tenía veinte.

ESTÍMULO PARA HOY

Así que, ¿qué significa todo esto para nosotros hoy? He estado anhelando ligar todas estas cosas y nuestro mundo doméstico, así que aquí va. Quiero darles cinco declaraciones clave que espero que le estimularán en su matrimonio. Esto tiene que ver con su mente, su vida, su fuerza, sus oportunidades y su Dios. Sea cual sea el punto en que esté en su matrimonio, espero que esto encenderá la llama para usted y le ayudará a borrar de su vida y matrimonio todas las malas actitudes que mencioné antes. Estoy convencido de que esto mantendrá su matrimonio vibrante y atractivo (¡aun cuando todavía estén persiguiéndose el uno al otro por el asilo de ancianos en sillas de ruedas!).

Su mente nunca envejece, continúe ejercitándola

Es cierto que todo del cuerpo se desgasta, pero casi nunca por usarlo demasiado; y eso es especialmente cierto para el músculo mental, el cerebro. Busque tiempo con su cónyuge para hablar de ideas y eventos, y deje de hablar tanto en cuanto a gente. Pase tiempo con otras parejas "plenamente vivas" a quienes respeta, preferiblemente las que son un poco mayores que usted. Lea libros y vea menos televisión. Haga más de lo que lo involucra activamente en lugar de lo que lo entretiene pasivamente. Continúe desarrollándose y creciendo como persona. Y no se olvide de mantener la llama de la intimidad y el romance ardiendo a llama viva.

Su vida no se ha acabado, continúe disfrutándola

Caleb vio suficiente aflicción durante sus cuarenta años en el desierto, enterrando a toda una generación de sus iguales, que haría a cualquier otro querer acostarse y morirse. Me doy cuenta de que algunos que están leyendo esto han soportado dolor horroroso y aflicción a manos de un mundo dominado por el mal. Durante todos esos días oscuros es fácil pensar que la vida nunca volverá a ser buena y que tal vez ya todo se haya acabado. Mientras usted tenga aliento, usted tiene toda razón para esperar un día mejor. Puesto que su vida no se ha acabado, le insto a que continúe disfrutándola.

Demasiado a menudo, sin embargo, veo a parejas saludables (y frecuentemente acomodadas) con poco de qué quejarse, que andan por todas partes con actitudes amargadas y casi arrastrando la cara por el suelo. No puedo pensar de un mejor compañero en todo el matrimonio que un bien ejercido sentido del humor. Este es un mundo divertido. Cuando usted y su cónyuge hacen el esfuerzo de notarlo, verán humor por todas partes a su alrededor. El siguiente es un breve relato para ayudarle a empezar.

Un hombre abrió un nuevo negocio y su mejor amigo le envió un arreglo floral. Unos días más tarde pasó para visitarlo y le dolió ver que las flores tenían un letrero que decía: "Descansa en paz." Llamó a la florería para quejarse. La florista dijo: "Podía haber sido peor. En alguna parte en esta ciudad hay un arreglo floral en un cementerio que dice: 'Felicitaciones por tu nuevo local.' "

¿Cómo enfrenta usted las inevitables trastadas de la vida? Usted tiene una alternativa. Un buen sentido del humor le ayudará a mantener las dificultades en perspectiva, y le ayudará a disfrutar de la vida aun cuando las cosas no marchan tan bien.

Su fuerza no se ha acabado, continúe desarrollándola

Sus huesos y músculos no son como las máquinas hechas por el hombre. Su cuerpo, esta máquina hecha por Dios, en realidad se vuelve mejor y más fuerte con el uso. ¿Recuerda el testimonio de Caleb? "todavía estoy tan fuerte como cuando Moisés me mandó a explorar la tierra, y puedo moverme y pelear igual que entonces" (Josué 14:11, VP). Usted puede estar seguro de que el hombre no se mantuvo fuerte pasando horas apoltronado en su mecedora, masticando papitas fritas mientras otros atendían la vida.

Mantenerse fuerte no quiere decir que usted tiene que estar arando campos o acarreando piedras. Busque maneras de ayudar a otros. Participe en proyectos con su iglesia, en su comunidad, y con su familia. ¡Manténgase activo! Salga de la casa y haga ejercicio hasta sudar por unos treinta minutos, cuatro o cinco veces a la semana. Haga algo divertido o satisfactorio de maneras más allá de lo físico, y persevere en eso.

Sus oportunidades no se han desvanecido, continúe buscándolas

Estoy convencido de que la parte más crucial del día es cómo uno lo empieza. En lugar de mirar al día con todos sus retos, piense de las horas que tiene por delante como una dádiva de Dios. ¿Qué sorpresas le esperan? ¿Qué oportunidades inesperadas esperan que se las descubra? Mire la siguiente lista y vea si puede ver algo que cada persona tiene en común aparte de su edad.

Ignacio Paderewski, pianista y estadista, viajó por el mundo dando conciertos a beneficio de las víctimas de guerra. Tenía sesenta y dos años cuando empezó a viajar, y continuó practicando y dando conciertos hasta los setenta y nueve.

Golda Mier ayudó a fundar la moderna nación de Israel, y luego sirvió en varios cargos para mantener vivo su gobierno. Ella llegó a ser primera ministra a los setenta y uno años, sirvió cinco años en ese cargo, y permaneció activa en el gobierno hasta su muerte a los ochenta. Sólo después de su muerte el público descubrió que ella había batallado contra la leucemia por los últimos doce años de su vida.

George Bernad Shaw continuó escribiendo y produciendo obras de teatro hasta el mismo fin de sus noventa y cuatro años. Pocos niegan el genio de este dramaturgo que ganó el Premio Nóbel, a pesar de no haber tenido ninguna educación formal. Su conocimiento y aprecio del arte, filosofía, música y literatura vino vía el salón de lectura del Museo Británico y la Galería Nacional de Irlanda.

Benjamín Franklin llegó a ser el principal arquitecto de la constitución de los Estados Unidos de América a los ochenta y un años. Aunque se le podría considerar el último de los hombres del Renacimiento, su educación formal terminó cuando tenía diez años. Todo lo que aprendió, de manera muy similar a Abraham Lincoln, lo descubrió leyendo abundantemente.

Las invenciones de *Tomás Edison* siguen siendo legendarias. Él siguió trabajando con su equipo de ayudantes para inventar y mejorar la tecnología hasta su muerte a los ochenta y cuatro años. La mayoría no recuerda que empezó a perder el oído en su juventud y que fue casi sordo gran parte de su vida, y algunos dirían la mayor parte de ella.

Arturo Toscanini continuó su carrera como conductor de orquesta hasta los ochenta y siete años. Su vista era tan pobre que le obligó a dirigir toda sinfonía y composición cultivando una memoria fenomenal.

¿Ve una tendencia? Estoy convencido de que la actividad y longevidad de estos grandes hombres y mujeres no fue accidente. Cada uno enfrentó la adversidad con determinación. No permitieron que sus dificultades les priven de una actitud mental positiva. Como resultado, cada uno de ellos se condicionó muy bien para hacer grandes cosas en sus años avanzados.

¡Cómo pareja casada, continúen buscando oportunidades frescas!

Su Dios no se ha muerto, continúe buscándolo

Nuestro Dios es eterno. Él anhela encontrarnos, y enseñarnos, y energizarnos; y nos invita a buscarlo. Empiece cada día con él. Manténgase junto a él todos los días. Lea y memorice la palabra de Dios, créala y confíe en sus promesas. Las pruebas tendrán con certeza, pero con igual certeza su Dios estará con usted.

La dificultades de la vida—y la vejez es sólo una de ellas—son cuestión de la mente sobre la materia. No quiero restarle importancia a los efectos devastadores de una tragedia. He sufrido un buen número de ellas yo mismo, como también la mayoría de mis amigos. Pero nada dura para siempre, ni siquiera la dificultades; a menos que se lo permitamos. Una vez que lo peor ha pasado, tenemos una alternativa. Para las asombrosas personas mencionadas arriba, sus dificultades se convirtieron en una plataforma para la grandeza. Su selección de actitud fue lo que determinó toda la diferencia.

Un reto para usted

¿Y qué de usted? ¿Cómo les va a usted y a su cónyuge en el departamento del entusiasmo? ¿Han permitido que sus circunstancias y dificultades le priven a su matrimonio de la alegría que una vez tenía? ¿Están usted y su cónyuge meramente existiendo en el tiempo en lugar de vivir sus vidas a su plenitud juntos? No espere por mejores días; usted debe hacerlos mejores. Si no, el final de su vida vendrá más pronto de lo que usted piensa, y en más maneras que una sola.

Mi hermana Luci me dio un breve relato breve titulado *Klingsor's Last Summer (El último verano de Klingsor)*, de Hermann Hesse. El fragmento que sigue sirve como una advertencia a los que permiten que la vida siga su marcha escogiendo no participar.

La vida pasa como el resplandor de un relámpago
Cuyo fogonazo dura apenas lo suficiente para verlo.
Mientras que la tierra y el cielo permanecen quietos para
siempre
Qué veloz el cambiante tiempo cruza por la cara del
hombre.
Oh, tú que te sientas con el vaso lleno y no bebes,
Dime, ¿a quién estás todavía esperando?[5]

Le presento el reto de optar por un diferente enfoque a su matrimonio, empezando hoy mismo. Le presento el reto de que le haga frente resueltamente a cualquier dificultad que tal vez esté enfrentando, no con imprudencia necia sino con entusiasmo fresco y en completa dependencia de su Dios. Aplique su mente y su fuerza a la búsqueda de una relación más íntima con Dios. Lea su Biblia *todos* los días. Descubra las promesas de Dios, ore fervientemente, busque su voluntad junto con otros creyentes consagrados, maduros y sabios. Aprópiese de la esperanza que él le ha dado en la persona de su Hijo, Jesucristo.

Luego, mientras hace esto usted mismo, cuéntele a su cónyuge de la vida lo que está aprendiendo. No espere a que él o ella lo acompañe en esto. Él o ella a lo mejor no está listo. Esto es algo que usted hace como parte de su relación personal con el Señor Jesucristo, y que ejercerá un profundo impacto en su matrimonio ... aun si su cónyuge no hace nada. Con todo, converse con su cónyuge en cuanto a cómo está creciendo y cambiando al obtener fuerza debido a su andar con Dios. Es de esperarse que ambos empezarán a enfrentar las montañas con una actitud de firmeza.

> *Donde no hay esperanza, la vida es una advertencia*
> *Que sirve sólo para hacernos afligir,*
> *¡Cuando somos viejos!*
> —SAMUEL TAYLOR COLERIDGE

Notas

Capítulo 1: Esta no es la familia de su abuelo

1. Don Shewey, "The Saint, The Slut, The Sensation . . . Madonna," *The Advocate*, 7 de mayo de 1991, Número 576, p. 49.
2. Robert Lewis, *Real Family Values: Keeping the Faith in an Age of Cultural Chaos* (Gresham, OR: Vision House, 1995), pp. 30, 34.
3. Erwin W. Lutzer, *The Truth About Same-Sex Marriage: 6 Things You Need to Know About What's Really at Stake* (Chicago: Moody, 2004), pp. 108-9.

Capítulo 2: Cómo volver al blanco

1. Carle C. Zimmerman, *Family and Civilization* (Nueva York: Harper & Brothers, 1947), p. 161.
2. Ibid., pp. 760-61.
3. Ibid., pp. 776-77.
4. Matthew Henry, *Matthew Henry's Commentary on the Whole Bible: Complete and Unabridged in One Volume* (Peabody: Hendrickson, 1991), p. 10.

5. Ibid.

6. Frank y Mary Alice Minirth, *Secrets of a Strong Marriage* (Colorado Springs, CO: Cook Communications, 2005), pp. 122-23.

7. R. Laird Harris, Gleason L. Archer Jr., y Bruce K. Waltke, eds., *Theological Wordbook of the Old Testament*, vol. 1 (Chicago: Moody, 1980), p. 30.

8. Robert Hemfelt, Frank Minirth, y Paul Meier, *Love Is a Choice: Recovery for Codependent Relationships* (Nashville: Thomas Nelson, 1989), p. 126

9. J. Grant Howard, *Trauma of Transparency* (Portland, OR: Multnomah, 1979), pp. 21, 23.

10. Jeffrey Jay Niehaus, *God at Sinai: Covenant and Theophany in the Bible and Ancient Near East* (Grand Rapids, MI: 1995).

Capítulo 3: Las cuatro "C" del matrimonio

1. *Merriam-Webster's Collegiate Dictionary*, 10ª ed. s. v. "dinosaur."

2. G. K. Chesterton, *Orthodoxy* (Nueva York: Doubleday, 2001), pp. 27-28.

Capítulo 4: Consejo práctico sobre cómo hacer que un matrimonio persista

1. John R. W. Stott, *The Message of Ephesians, The Bible Speaks Today Series* (Downers Grove, IL: InterVarsity, 1979), p. 185.

2. Gerhard Kittel y Gerhard Friedrich, eds., *Theological Dictionary of the New Testament*, ed. y trad. Geoffrey W. Bromiley, vol. 3 (Grand Rapids: Eerdmans, 1973), vol. 3, p. 754.

3. Richard Selzer, MD, *Mortal Lessons: Notes in the Art of Surgery* (Nueva York: Simon & Schuster, 1976), pp. 45-46 [*Lecciones mortales: notas sobre el arte de la circugía* (Barcelona: Andrés Bello)].

Capítulo 5: Pegamento esencial para que toda pareja aplique

1. Jim Bishop, citado en Bob Kelly ed., *Worth Repeating: More than 5000 Classic and Contemporary Quotes* (Grand Rapids: Kregel, 2003), p. 76.

2. Patrick M. Morley, *The Man in the Mirror: Solving the 24 Problems Men Face* (Brentwood, TN: Wolgemuth & Hyatt, 1989), pp. 89–90 [*El hombre frente al espejo* (Grand Rapids: Vida, 2002)].

3. Gerhard Kittel y Gerhard Friedrich, eds., *Theological Dictionary of the New Testament*, ed. y trad. Geoffrey W. Bromiley, vol. 1 (Grand Rapids: Eerdmans, 1973), p. 37.

4. Earl D. Radmacher, Ronald Barclay Allen, y H. Wayne House, *The Nelson Study Bible: New King James Version* (Nashville: Thomas Nelson, 1997), p. 1933.

5. Dallas Seminary Faculty, John F. Walvoord y Roy B. Zuck, eds., *The Bible Knowledge Commentary*, New Testament Edition (Wheaton, IL: Victor, 1983), p. 535.

6. Kittel y Friedrich, *Theological Dictionary of the New Testament*, p. 483.

7. *Merriam-Webster's Collegiate Dictionary*, 10ª ed., s.v. "charming."

8. Warren W. Wiersbe, *The Bible Exposition Commentary*, vol. 1, (Wheaton, IL: Victor, 1989), p. 611.

9. A. T. Robertson y Alfred Plummer, *A Critical and Exegetical Commentary on the First Epistle of St. Paul to the Corinthians*, The International Critical Commentary (Edinburgh: T. & T. Clark, 1914), p. 295.

10. C. S. Lewis, *The Four Loves* (Nueva York: Harcourt, Brace, & World, 1960), p. 169 [*Los cuatro amores* (Madrid: Rialp, 2005)].

11. Anna Quindlen, *A Short Guide to a Happy Life* (New York: Random House, 2000), pp. 4-7 [*Pequeña guía para ser feliz* (Barcelona: RBA Libros, 2001)].

Capítulo 6: Lo que las familias necesitan para prosperar

1. Carlos Baker, *Hemingway: A Life Story* (Nueva York: Charles Scribner's Sons, 1969), p. 31.

2. *Merriam-Webster's Collegiate Dictionary*, 10ª ed., s.v. "family."

3. J. A. Simpson y E. S. C. Weiner, eds., *Oxford English Dictionary*, 2ª ed., vol. V (Oxford: Clarendon Press, 1989), s.v. "family."

4. Gerhard Kittel y Gerhard Friedrich, eds., *Theological Dictionary of the New Testament*, ed. y trad. Geoffrey W. Bromiley, vol. 3 (Grand Rapids: Eerdmans, 1973), p. 898.

5. Patrick Morley, *I Surrender: Submitting to Christ in the Details of Life* (Nueva York: Wolgemuth & Hyatt, 1990), p. 212.

Capítulo 7: Señales de peligro de erosión marital

1. Alexander Whyte, *Bible Characters*, vol. 1, (Londres: Oliphants Ltd., 1959), p. 217.
2. William J. Petersen, *Martin Luther Had a Wife*, (Wheaton, IL: Tyndale, 1983), p. 59.
3. Petersen, *Martin Luther Had a Wife*, p. 69.
4. Ibid.

Capítulo 8: Cómo seguir siendo joven mientras la familia envejece

1. Johann Wolfgang von Goethe, *Iphigena in Tauris: A Play in Five Acts*, trad. Charles E. Passage (Nueva York: Frederick Unger, 1963), p. 24.
2. *Merriam-Webster's Collegiate Dictionary*, 10ª ed., s.v. "remorse."
3. "Sometimes," por Thomas S. Jones Jr. en *The Little Book of Modern Verse: a Selection from the Work of Contemporaneous American Poets*, ed. Jessie B. Rittenhouse (Nueva York: Houghton Mifflin, 1917), p. 89.
4. James Swanson, *Dictionary of Biblical Languages With Semantic Domains: Hebrew (Old Testament)*, ed. electrónica (Oak Harbor: Logos Research Systems, 1997).
5. Hermann Hesse, *Klingsor's Last Summer*, trad. Richard y Clara Winston (Nueva York: Farrar, Straus and Giroux, 1970), p. 166 [*El último verano de Klingsor* (Barcelona: Planeta, 1994)].

---- ✆ ----

Charles R. Swindoll es el pastor principal de la Iglesia Comunitaria Stonebriar, canciller del Seminario Teológico de Dallas y anfitrión del programa sindicado internacionalmente *Visión para vivir*. Ha escrito más de treinta éxitos de librería, entre los cuales están: *Pásame otro ladrillo, Desafío a servir* y *¿Por qué, Dios?*

GRUPO NELSON
Desde 1798
gruponelson.com

ISBN: 9781602550469

CHARLES R.
SWINDOLL

Matrimonio

DE SOBREVIVIR
A PROSPERAR

CUADERNO DE EJERCICIOS

CONSEJO PRÁCTICO PARA FORTALECER SU MATRIMONIO